CONSTRUIRE LA RUINE

Maëlle Dufour

TEXTES
Manon Paulus

c
f
éditions
c

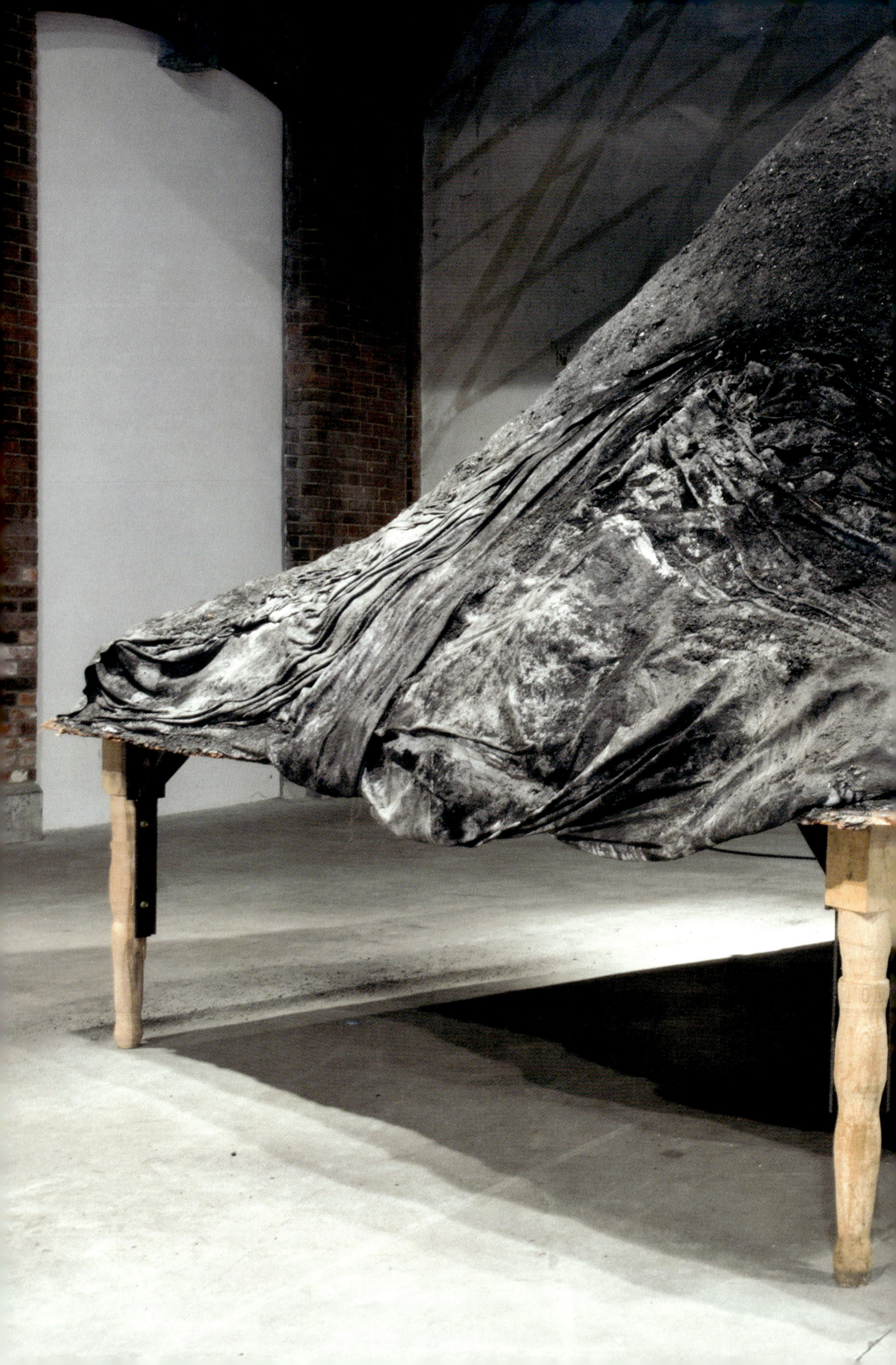

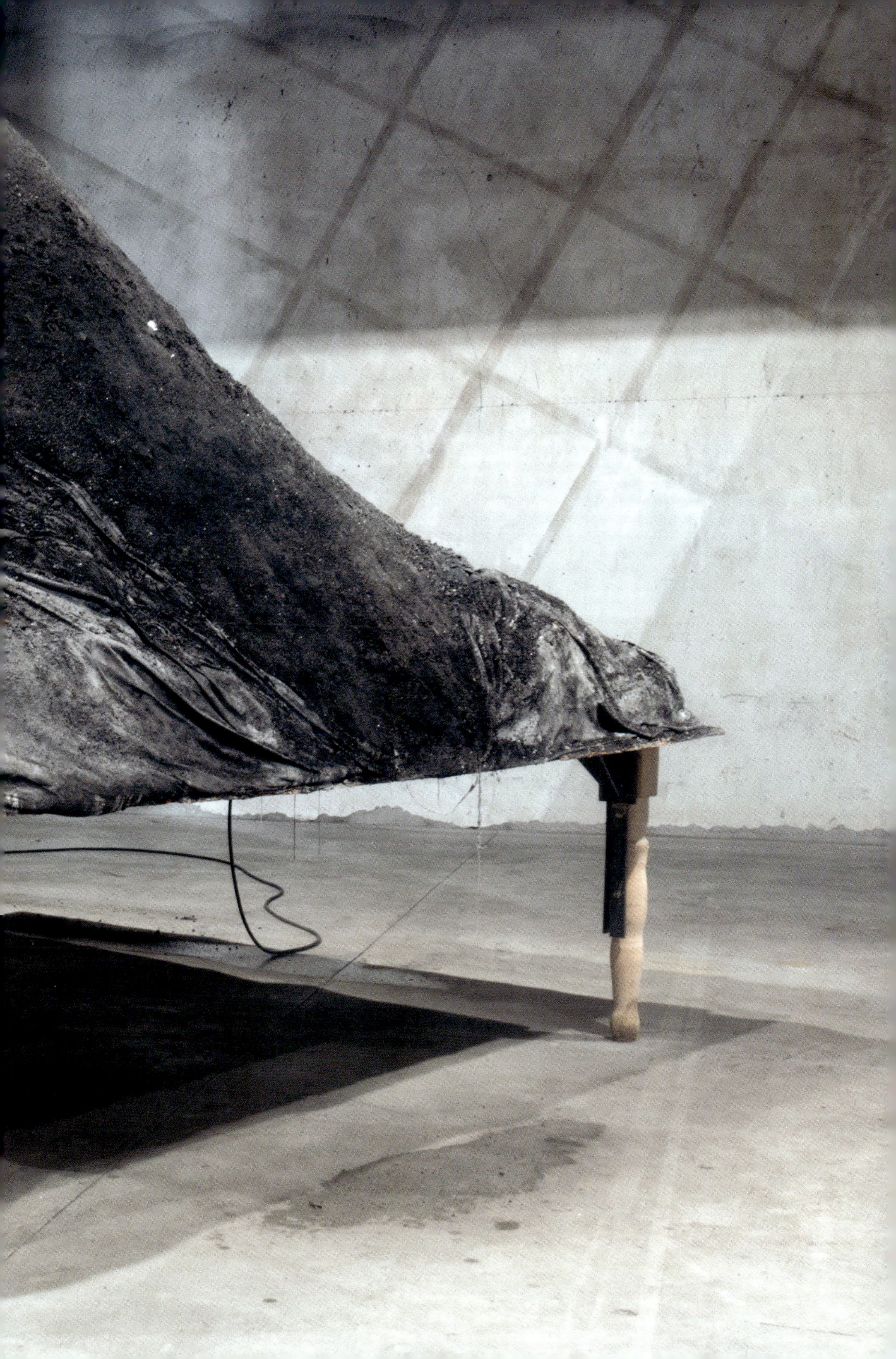

TENIR LE POIDS D'UNE PRÉSENCE
2017

Schiste noir venant d'un terril,
planche de sapin, eau, tissus
et système de chauffage,
300 x 300 x 400 cm,
Prix du Hainaut,
Maison Folie, Mons,
© Ithier Held.

Un monticule de schiste noir, recouvert d'un linceul, est encore brûlant, et cette chaleur garde vivant le souvenir des mineurs. L'écrasant poids d'une présence résonne avec la charge de l'histoire.

Black schist sourced from a slag heap, fir-wood board, water, pieces of fabric and heating system,
300 x 300 x 400 cm,
Hainaut Prize,
Maison Folie, Mons,
© Ithier Held.

A mound of black schist covered with a shroud is still piping hot, and the heat keeps alive the memory of coal miners. The overwhelming weight of a presence resonates with the burden of history.

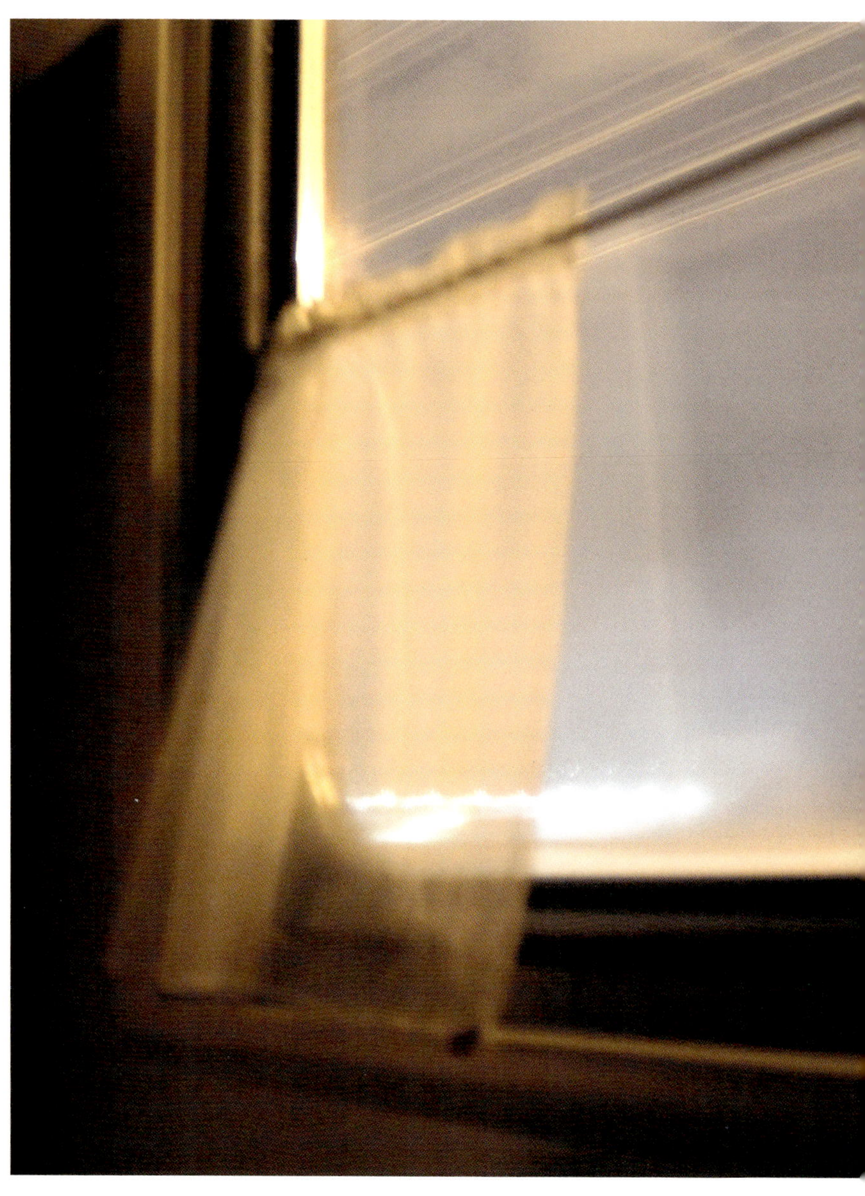

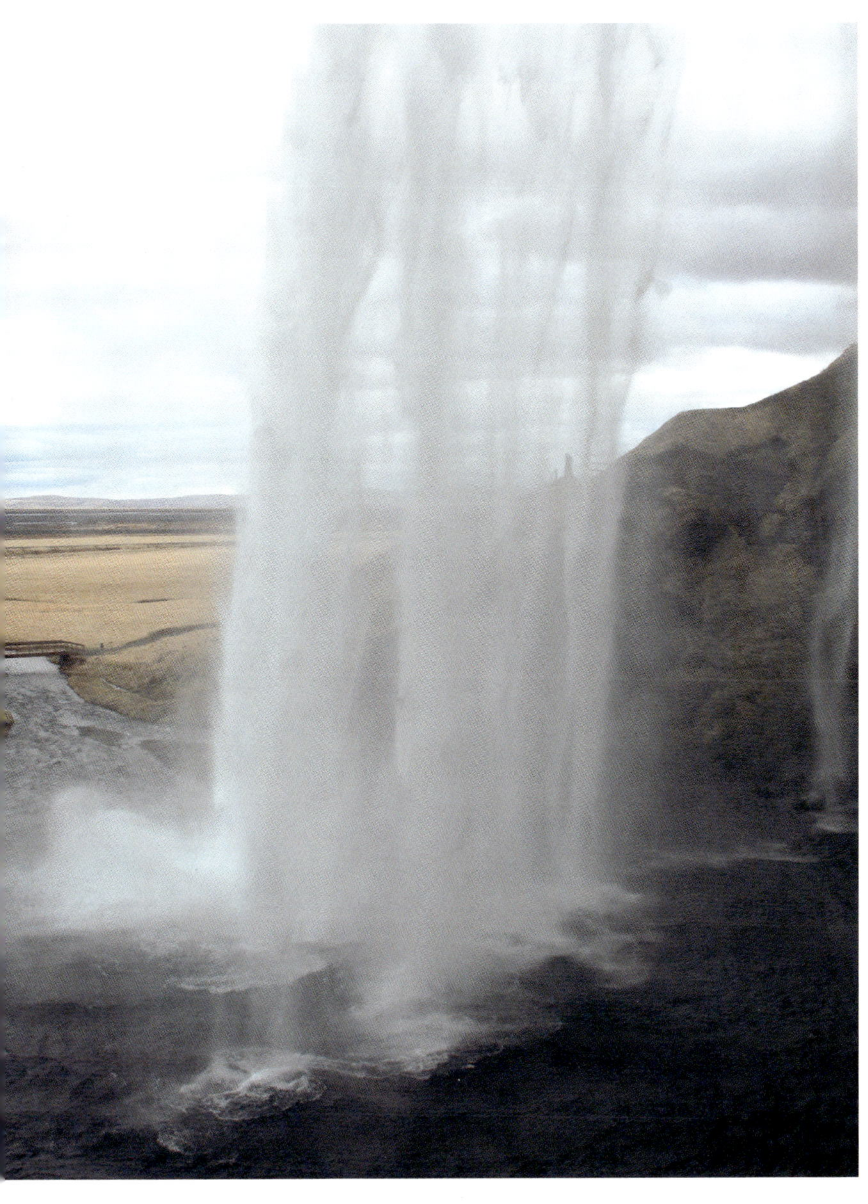

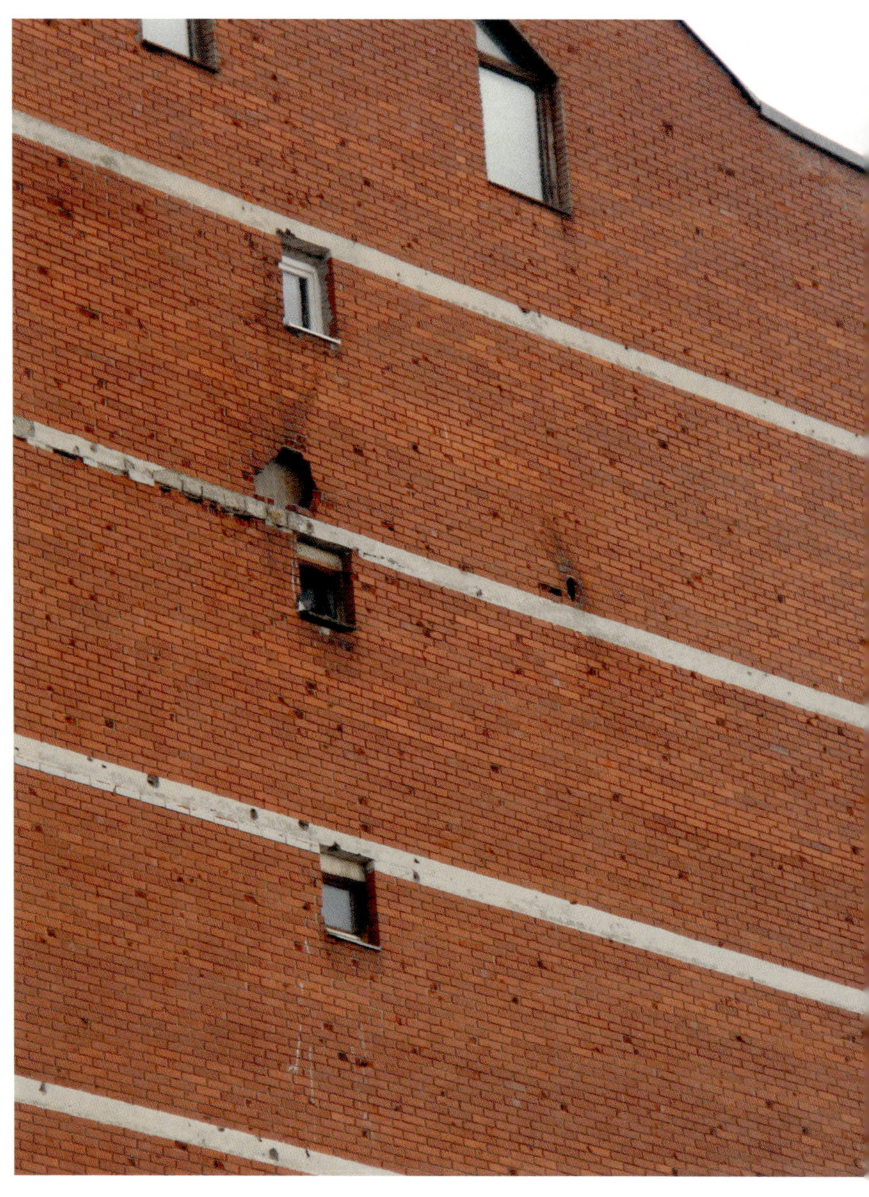

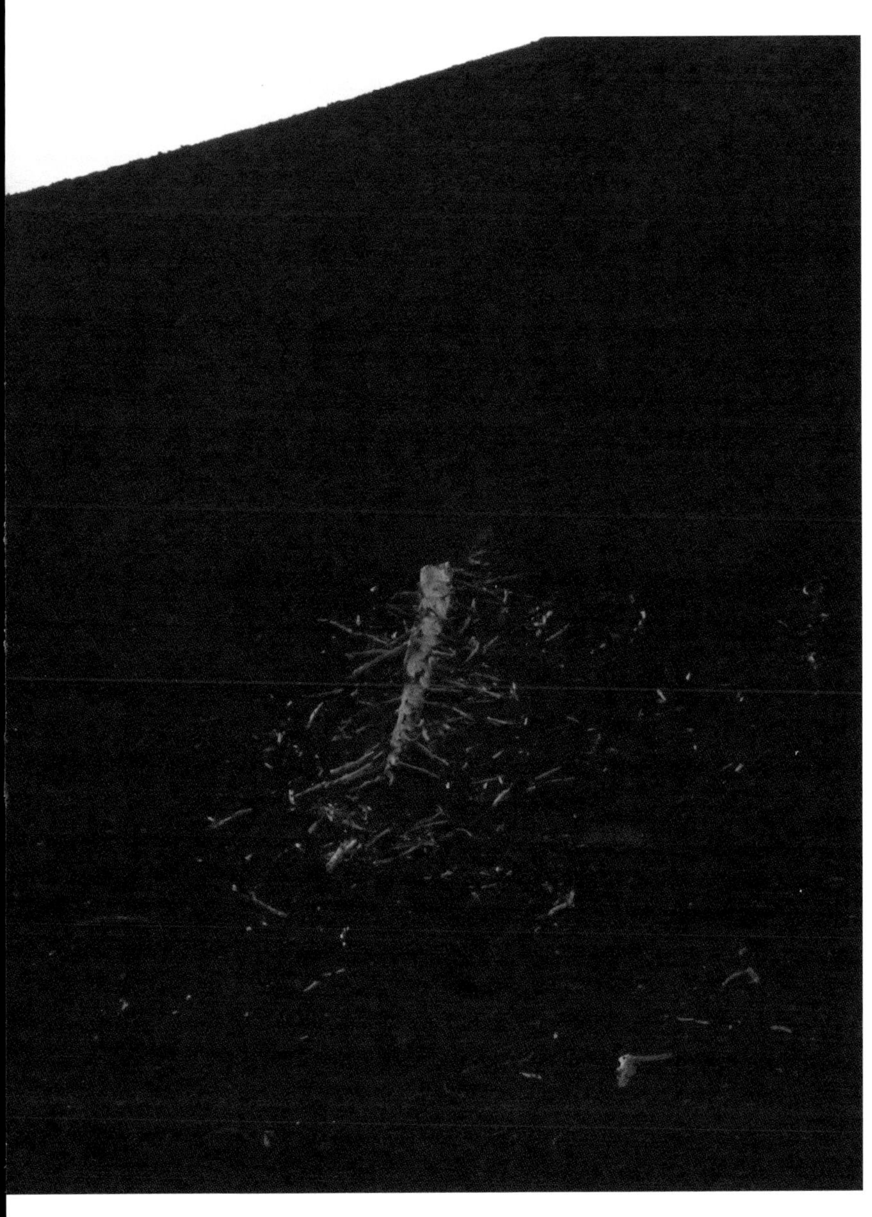

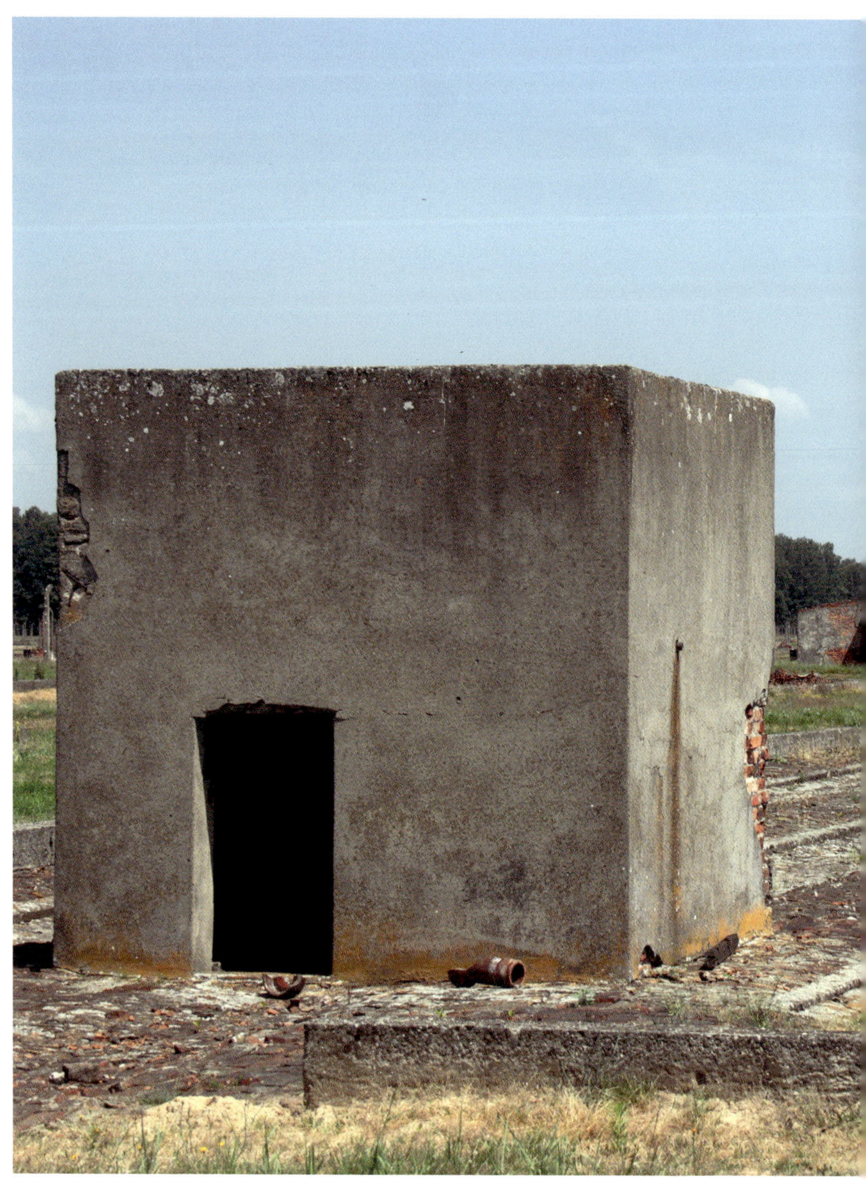

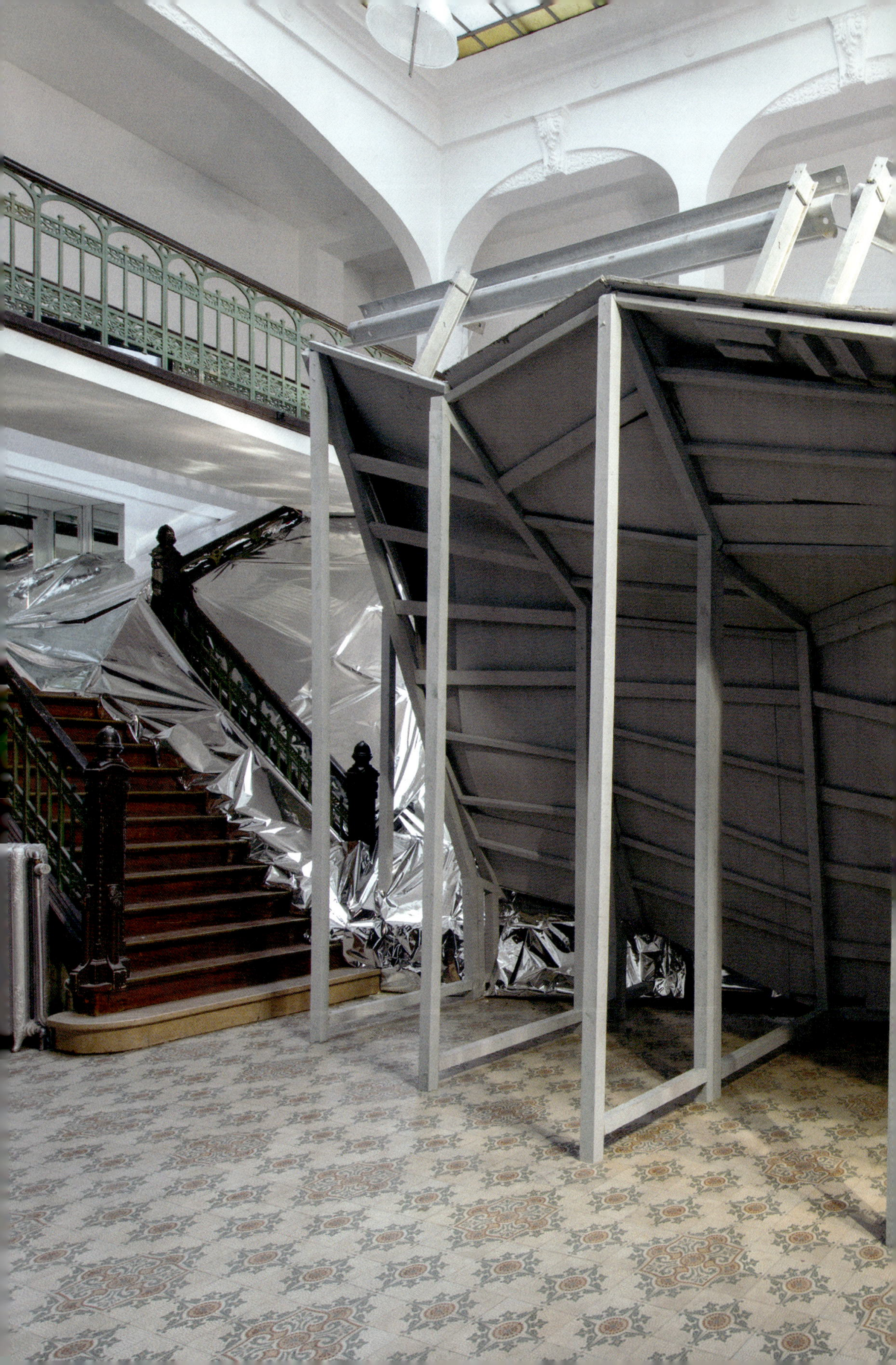

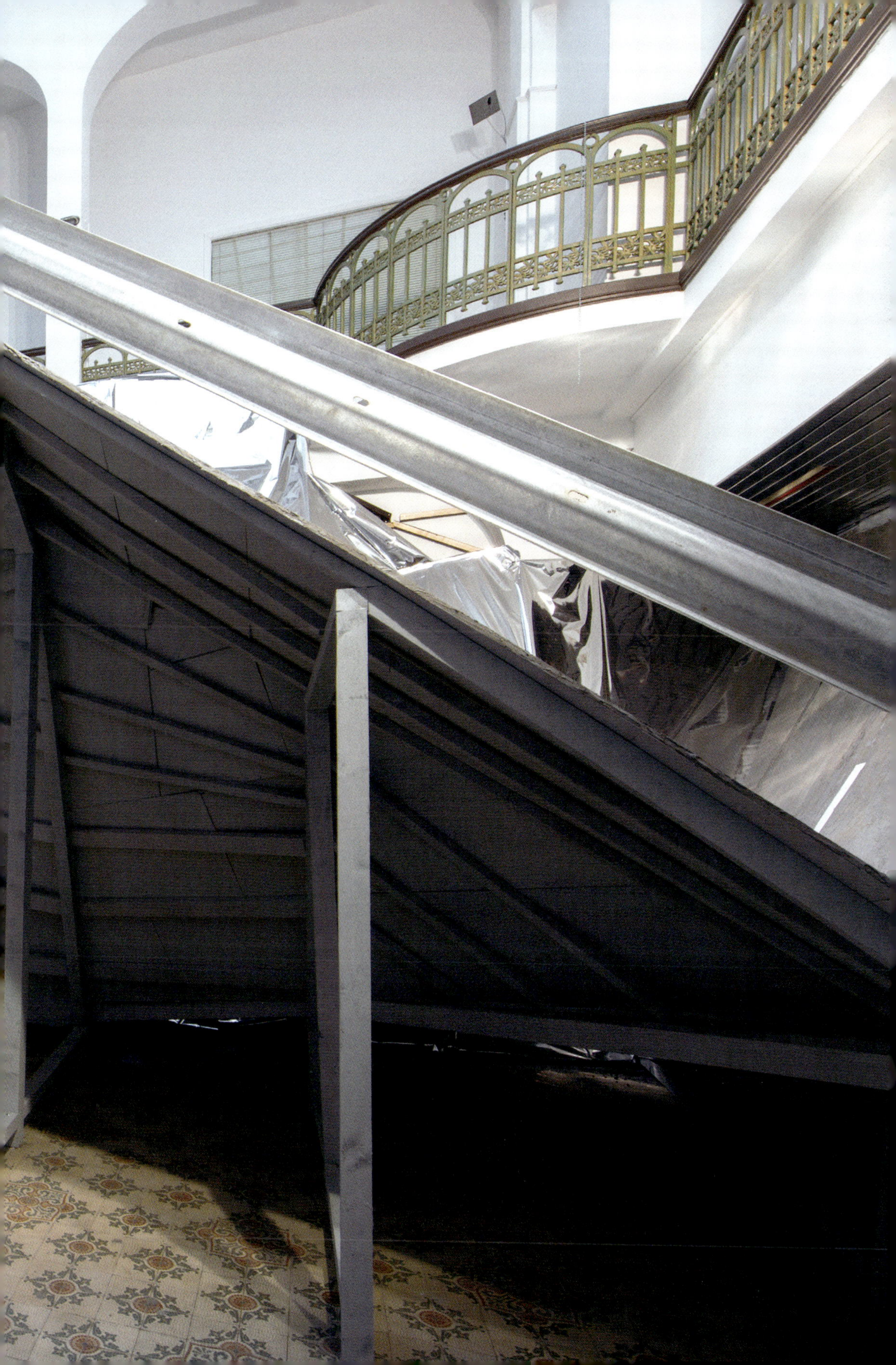

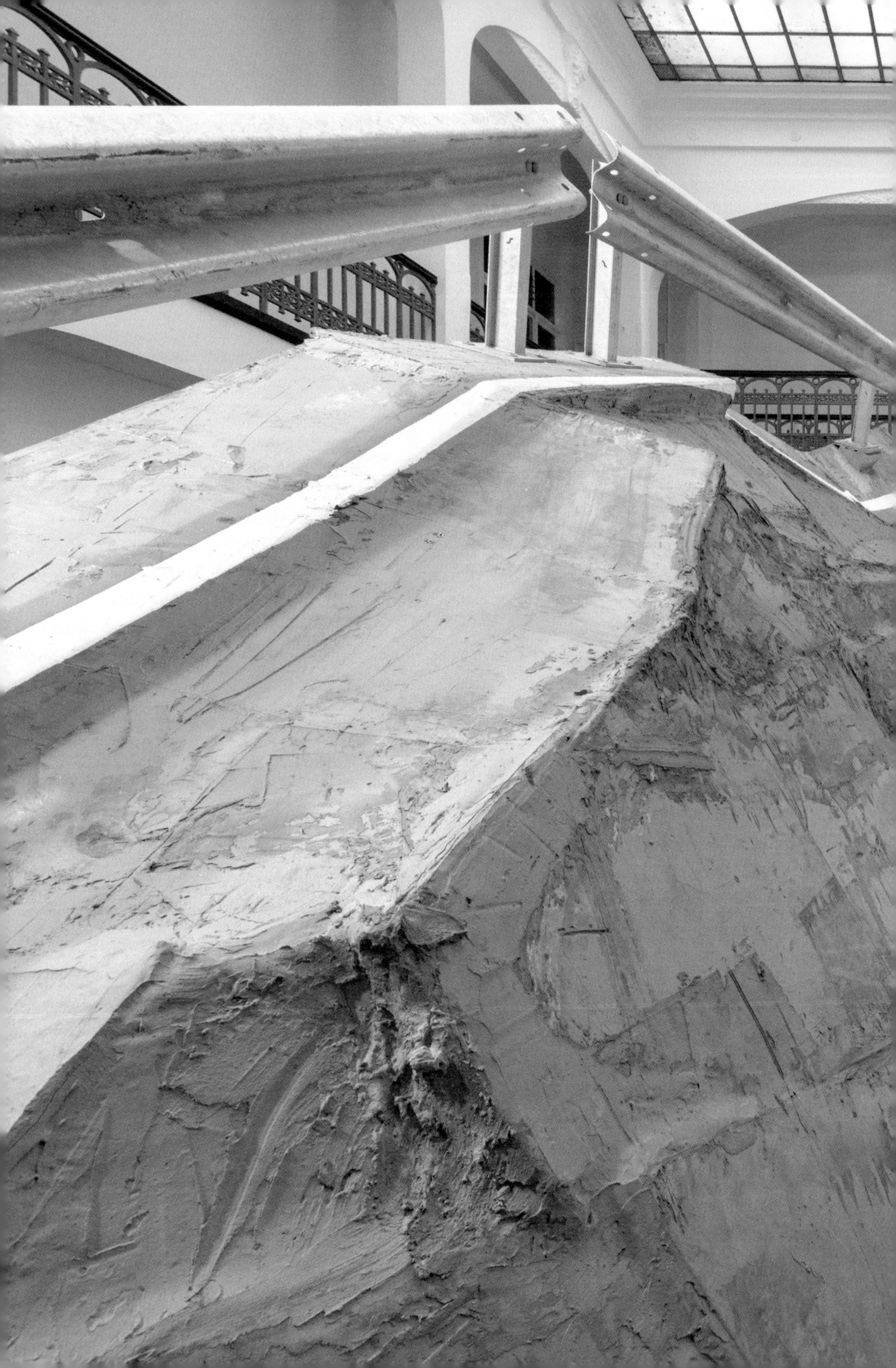

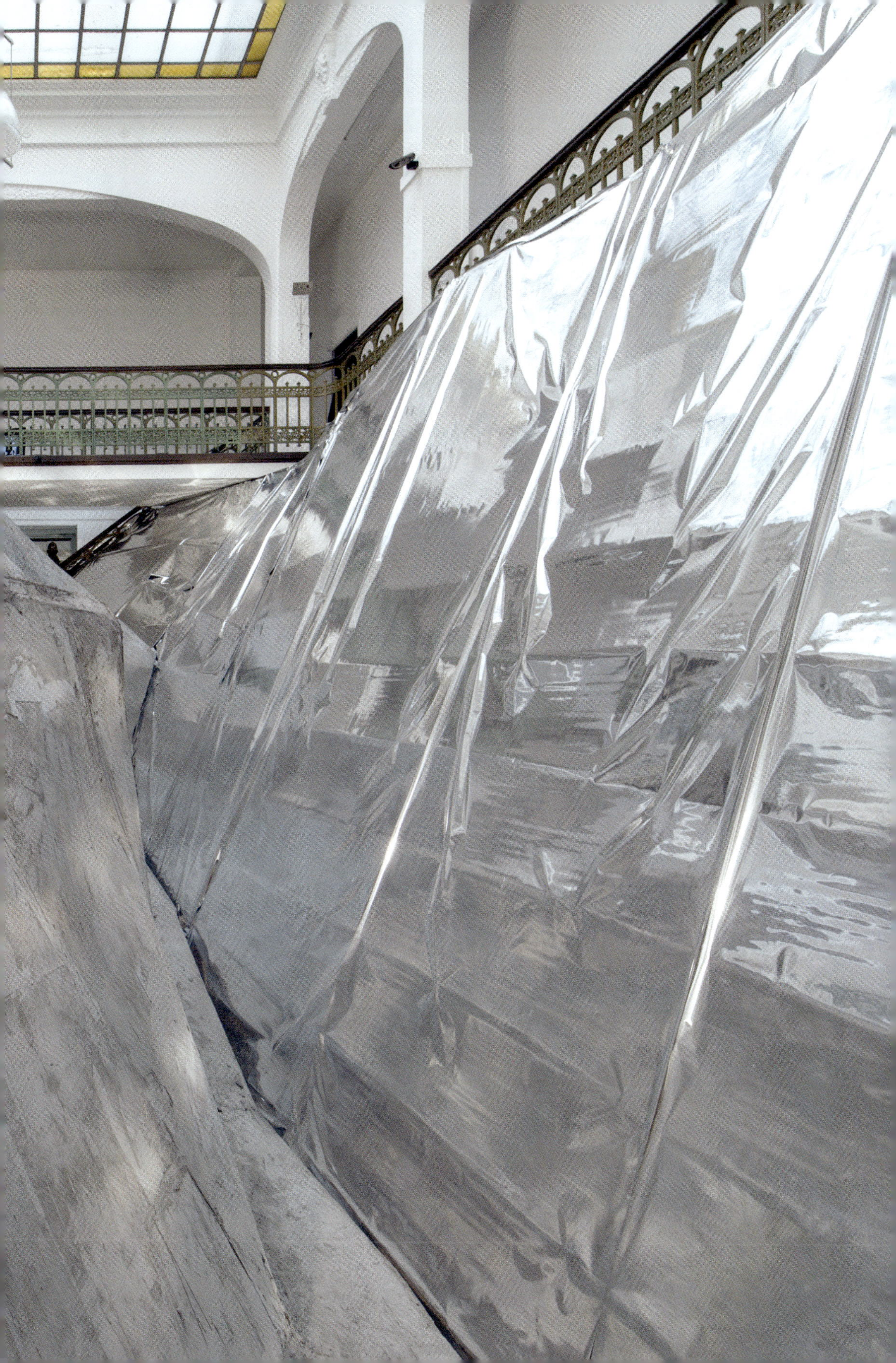

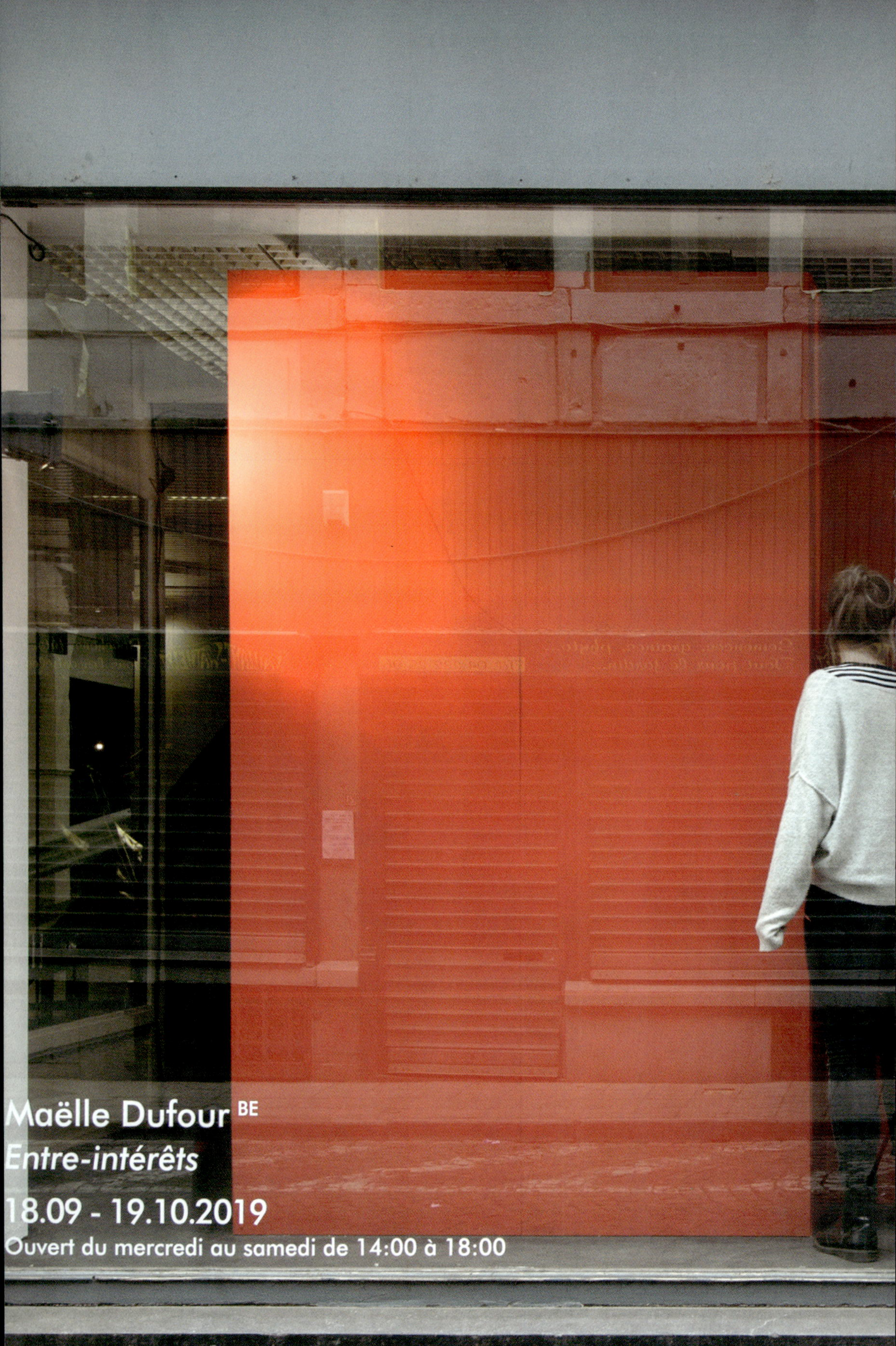
Maëlle Dufour BE
Entre-intérêts
18.09 - 19.10.2019
Ouvert du mercredi au samedi de 14:00 à 18:00

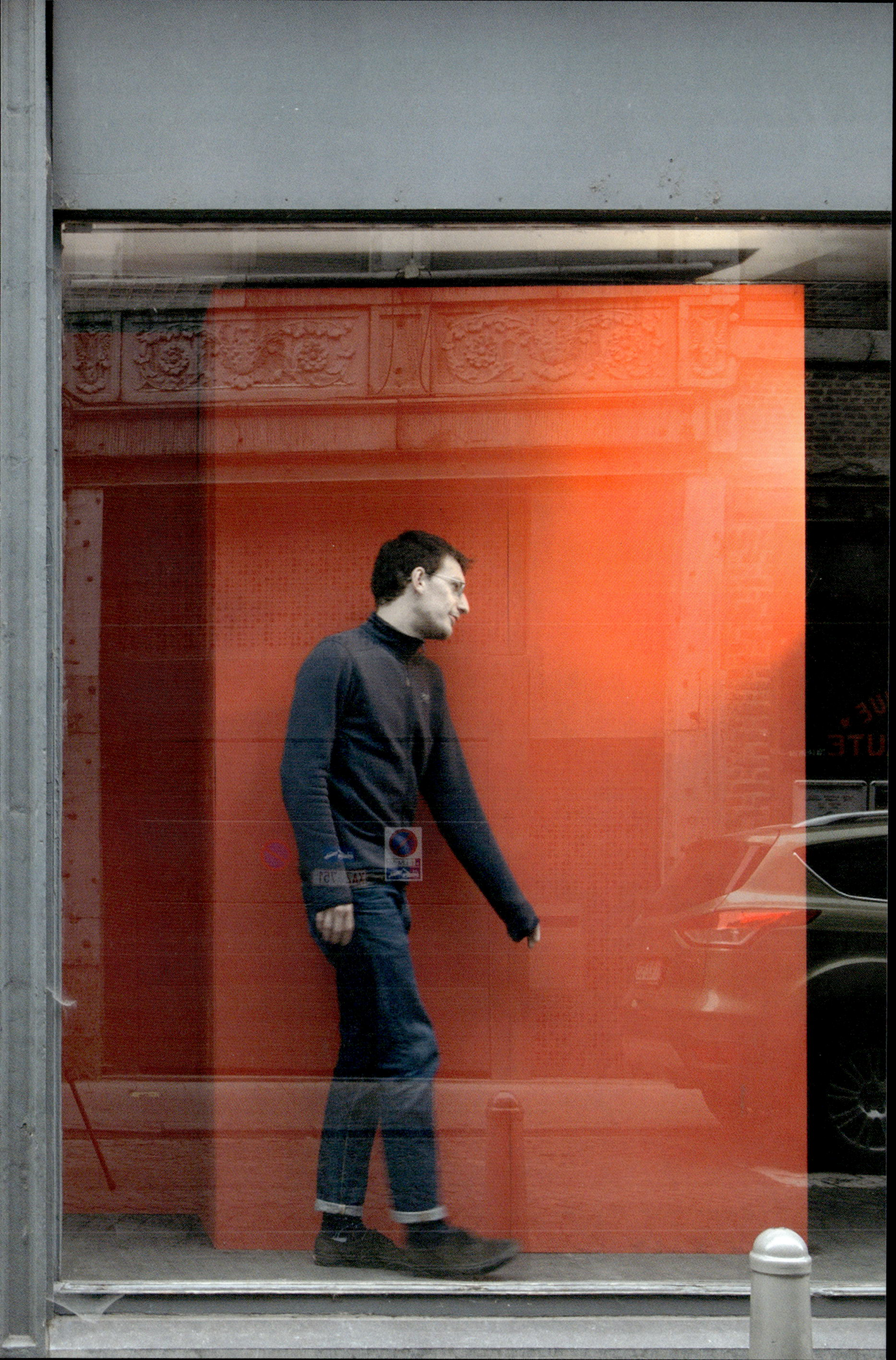

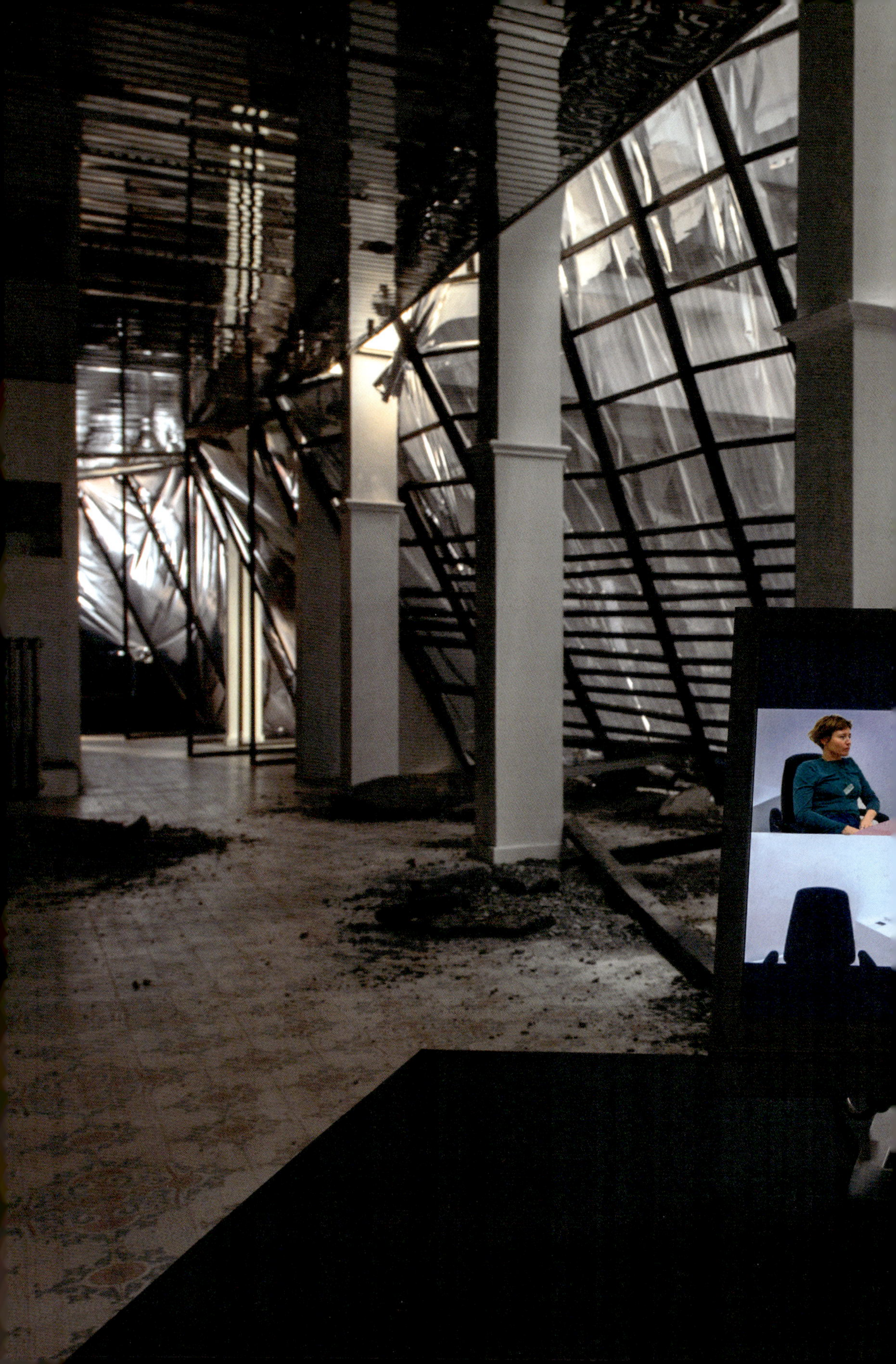

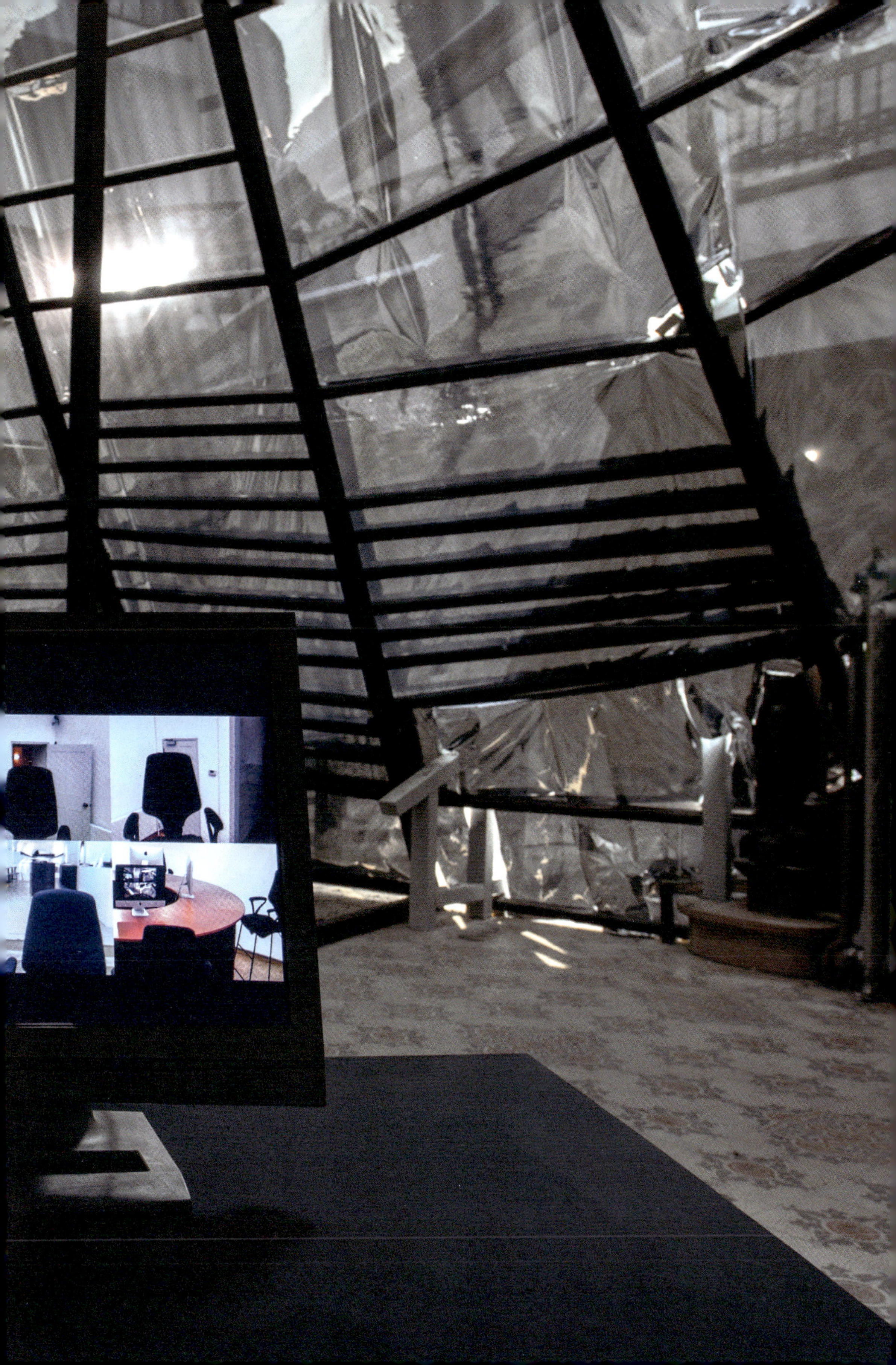

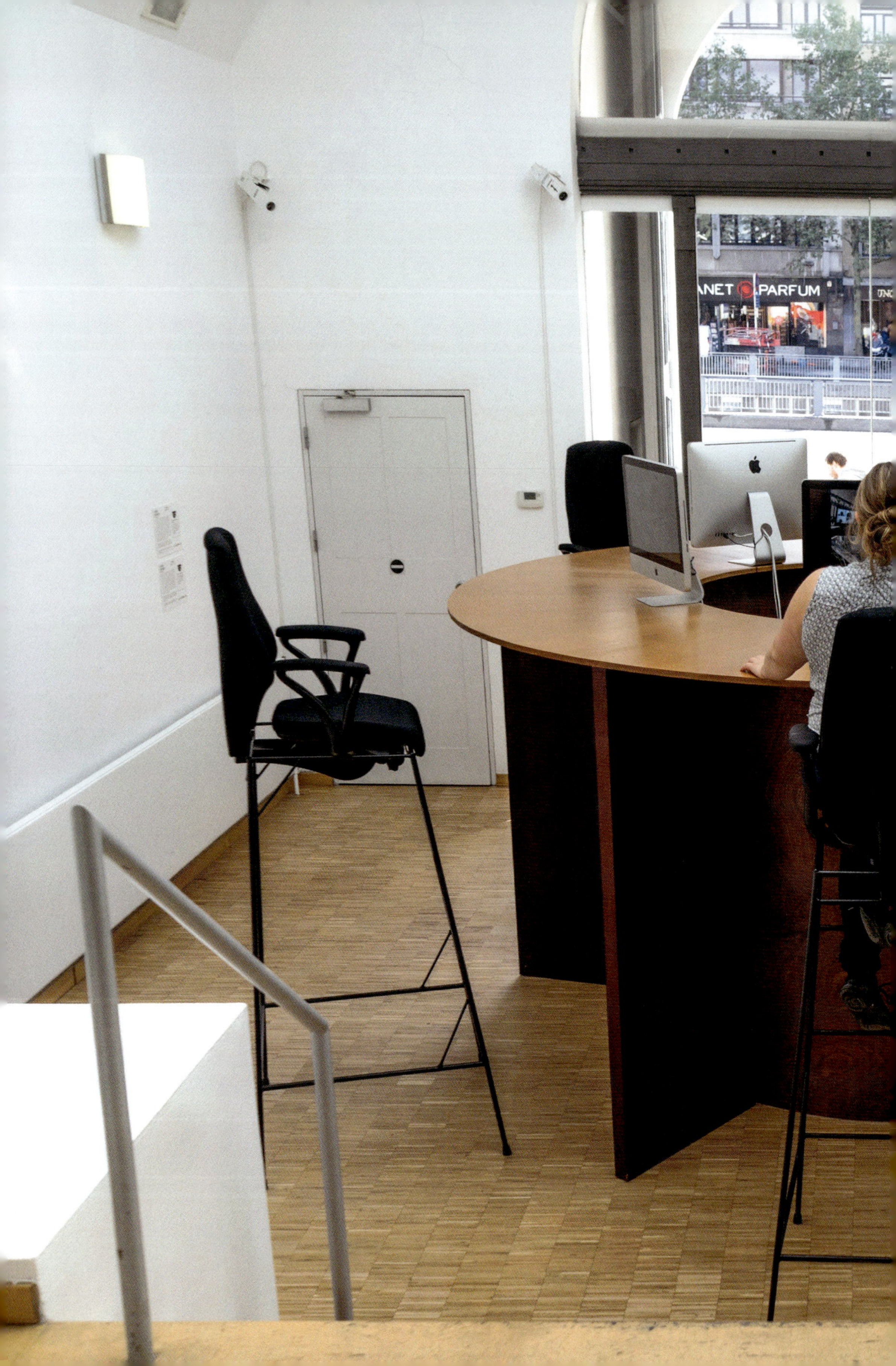
ANET PARFUM

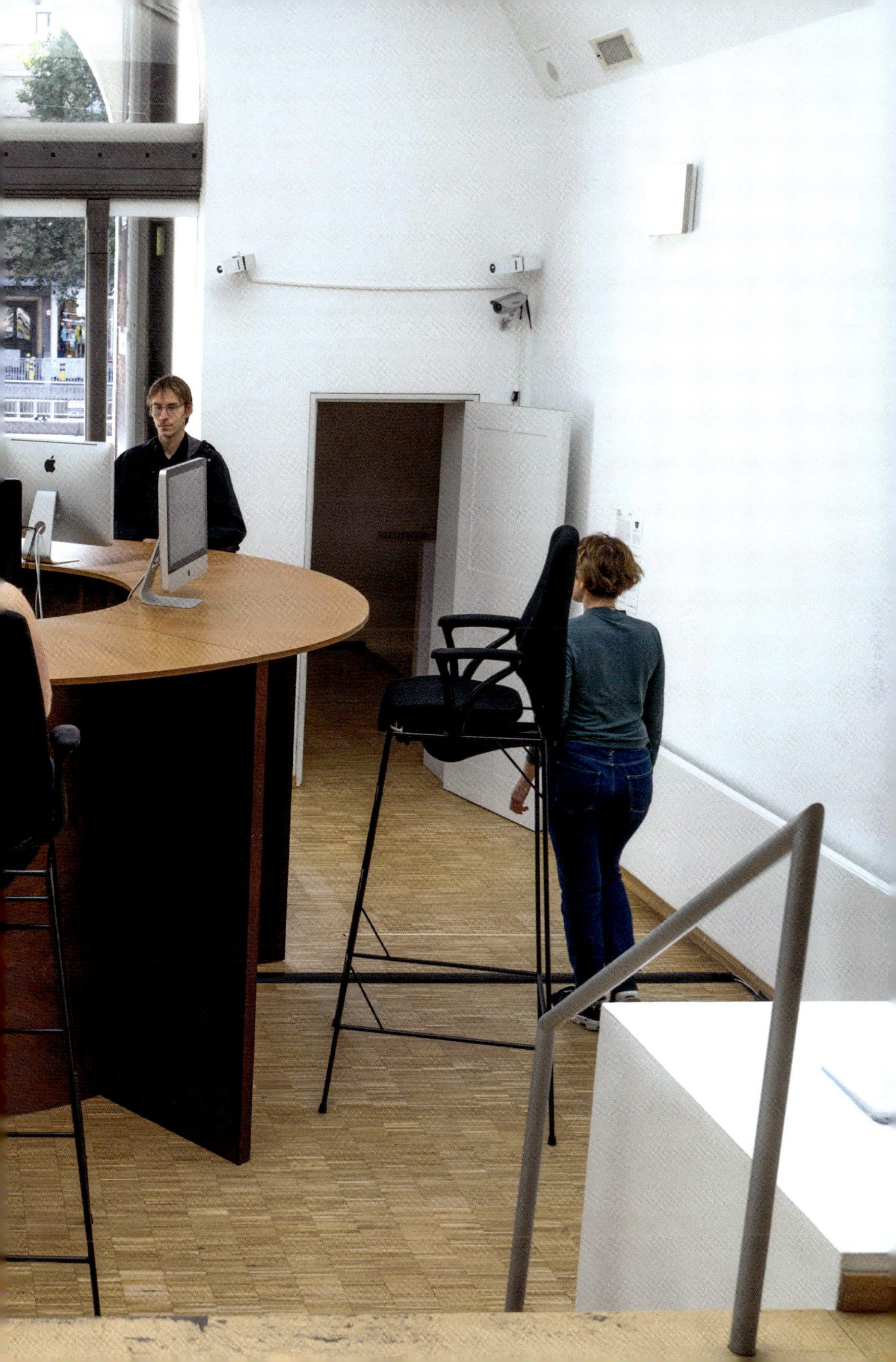

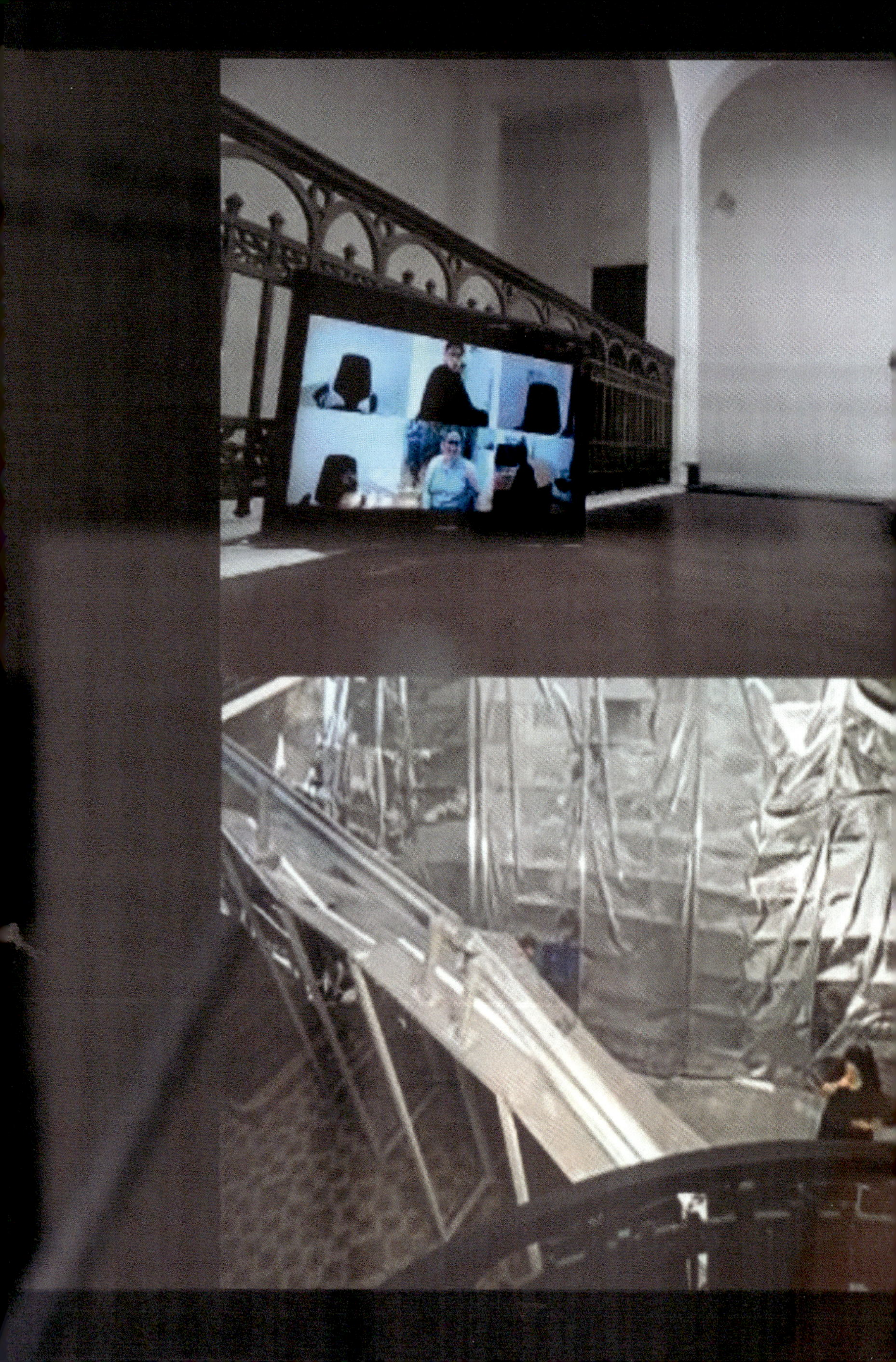

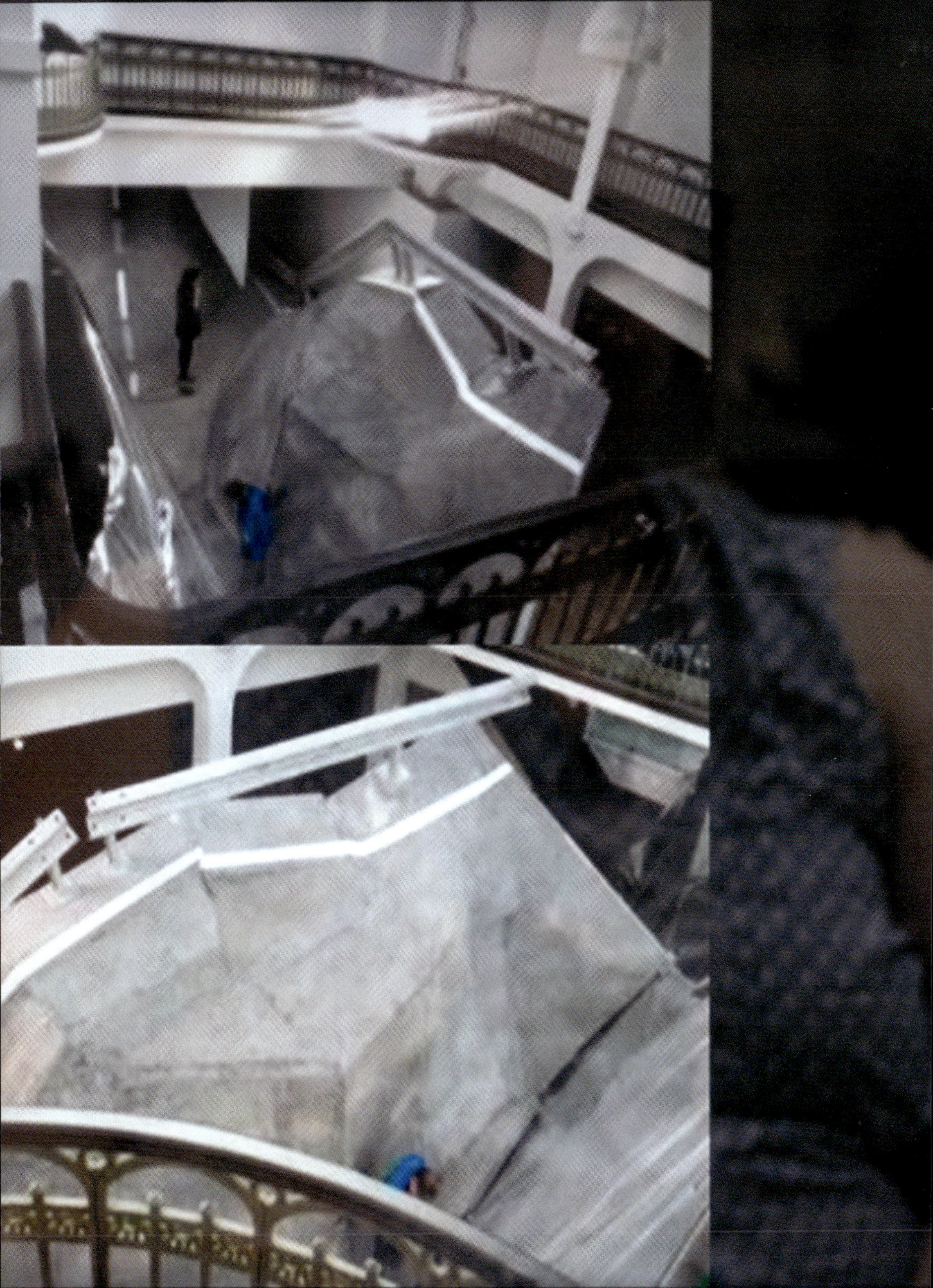

ENTRE INTÉRÊTS
2019

Installation (Les Brasseurs) : bois, glissière de sécurité, film sans tain, peinture, colle à carrelage, restes d'une autoroute détruite, caméra de surveillance et écran, dimensions variables,
© Isabelle Arthuis.

Installation (ISELP) : cinq chaises de bureaux, cinq écrans, cinq webcams, métal, mdf, teinture, vernis et cire, 150 x 300 Ø cm (la table) – 180 x 80 x 80 cm (la chaise),
© Ithier Held
Biennale Watch This Space 10, *Les Brasseurs, Liège et l'ISELP, Bruxelles – Ingénieurs et Architectes – Delvaux.*

Notre survie repose sur une intuition : les ruines des sociétés déshumanisantes, décadentes, sont les fondations d'un renouveau. Sur fond d'une autoroute en ruine, cette installation complexe rejoue les frontières, les murs, la surveillance, l'univers carcéral, en nous faisant circuler d'une zone à l'autre, observateurs/observés, parfois dominants, parfois traqués, surexposés ou cachés.

Installation (Les Brasseurs): wood, crash barrier, one-way mirror film, paint, tile adhesive, remains of a wrecked motorway, surveillance camera and screen, variable sizes. © *Isabelle Arthuis.*

Installation (ISELP): five office chairs, five screens, five webcams, mdf, metal, dye, varnish and wax, 150 x 300 Ø cm (the table) – 180 x 80 x 80 cm (each chair), © *Ithier Held*
Watch This Space 10 *biennal, Les Brasseurs, Liège, and ISELP, Brussels – Engineers and Architects – Delvaux.*

Our survival rests upon an intuition: the ruins of dehumanising, decadent societies are the foundations of a renewal. Against the background of a motorway in ruins, this complex installation has another go at borders, walls, surveillance, the prison system, moving us about from one area to another, as observers/observed, at times dominant, at other times hunted down, overexposed or concealed.

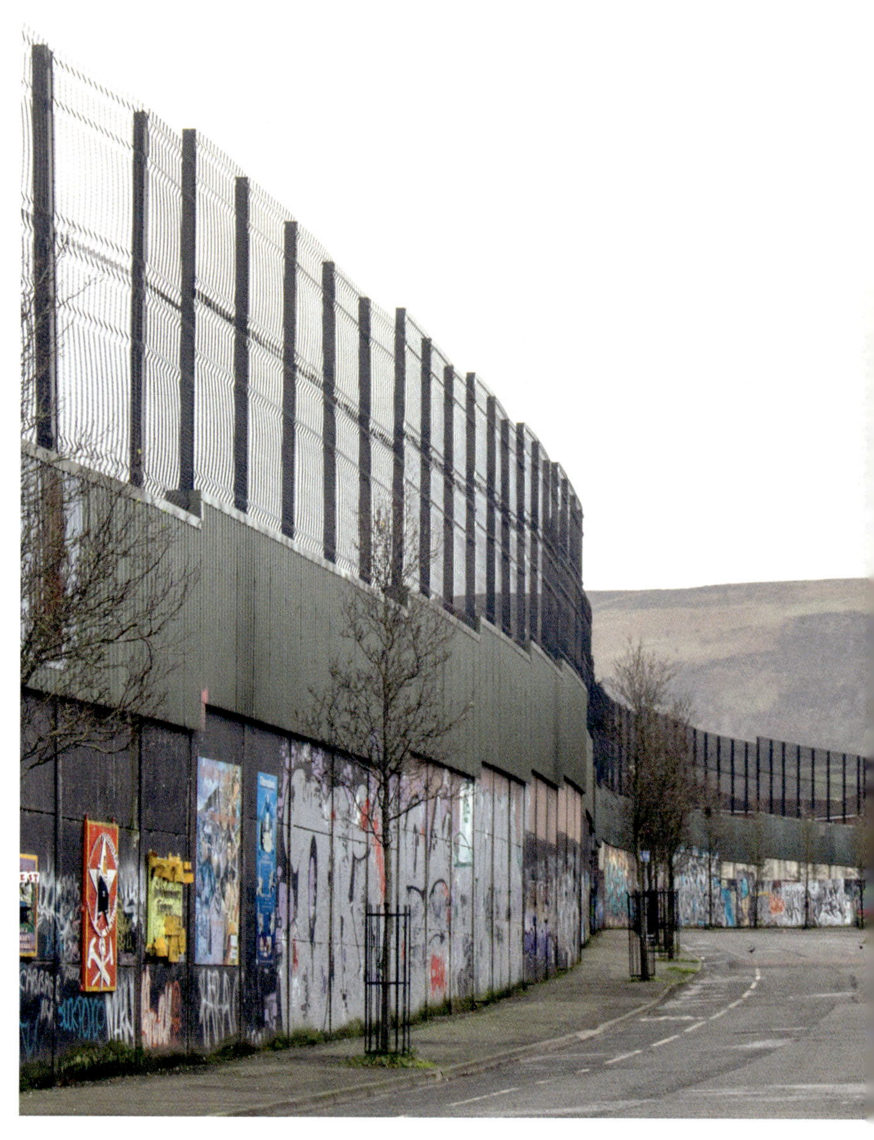

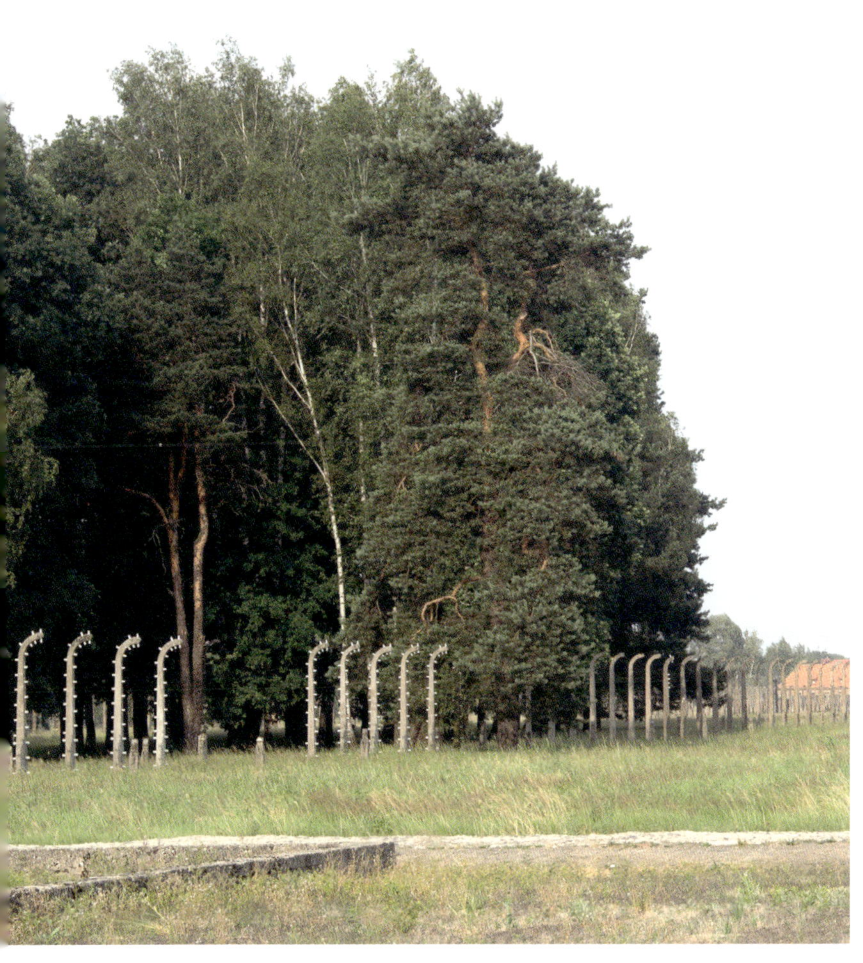

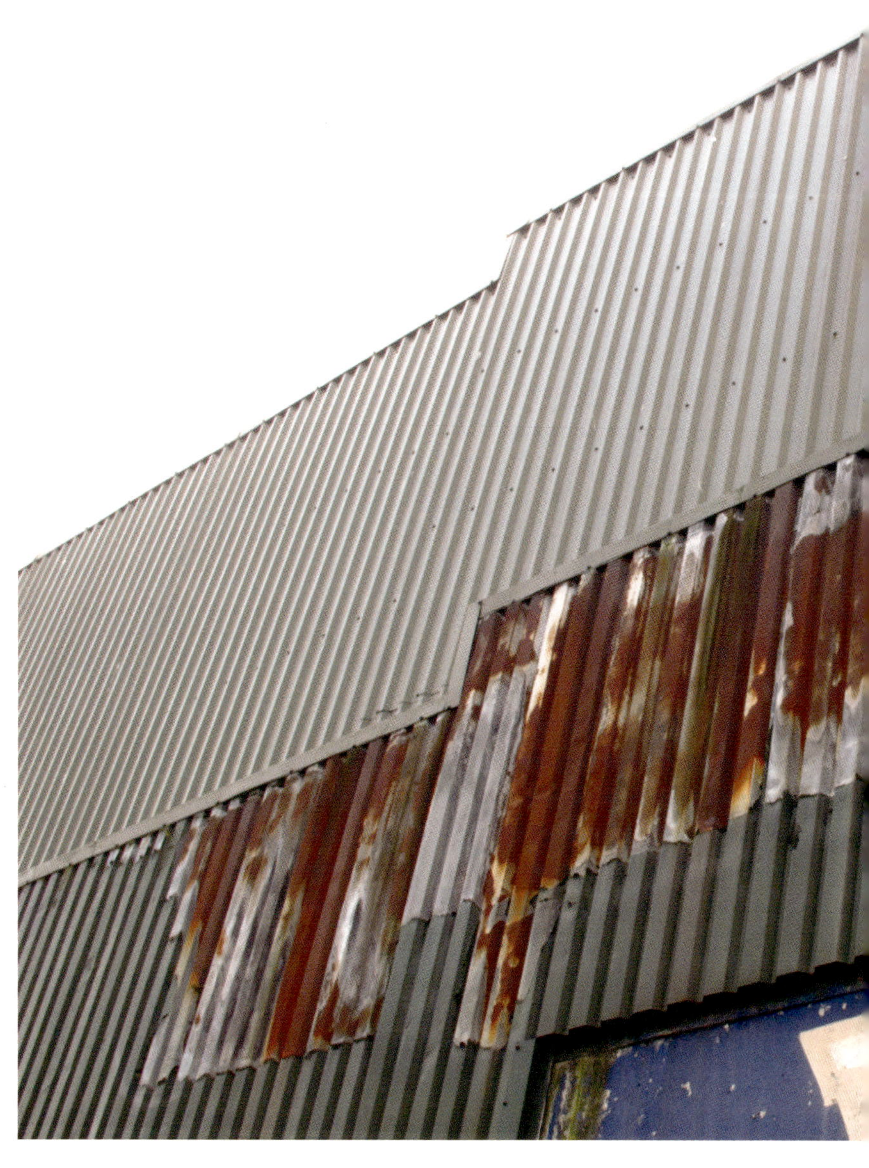

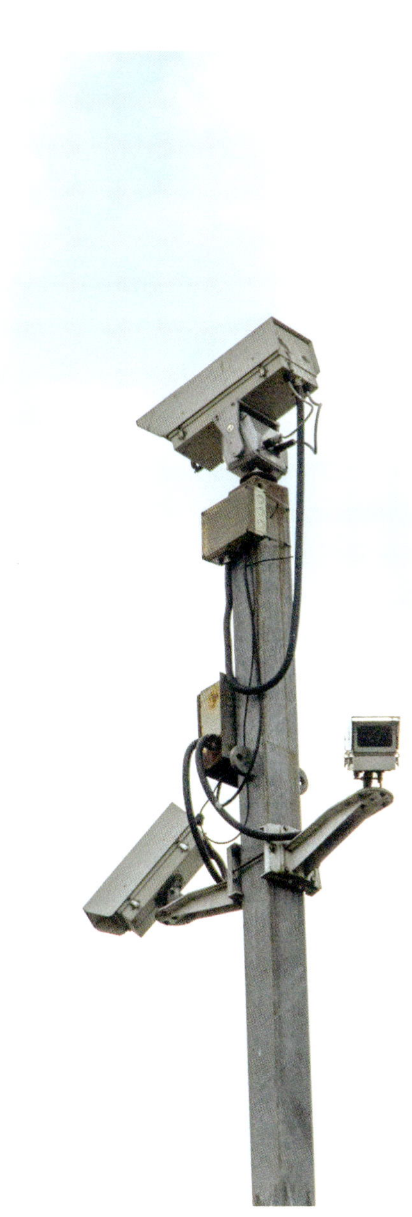

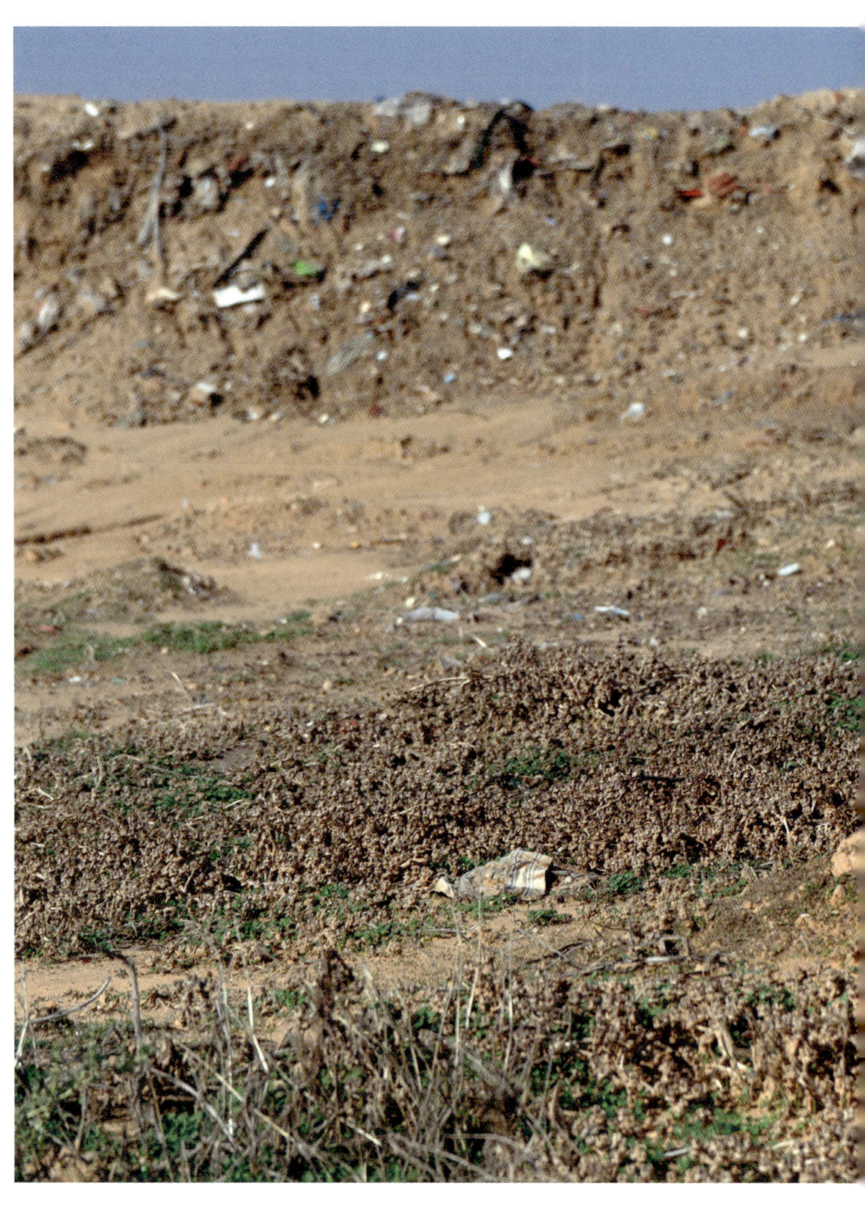

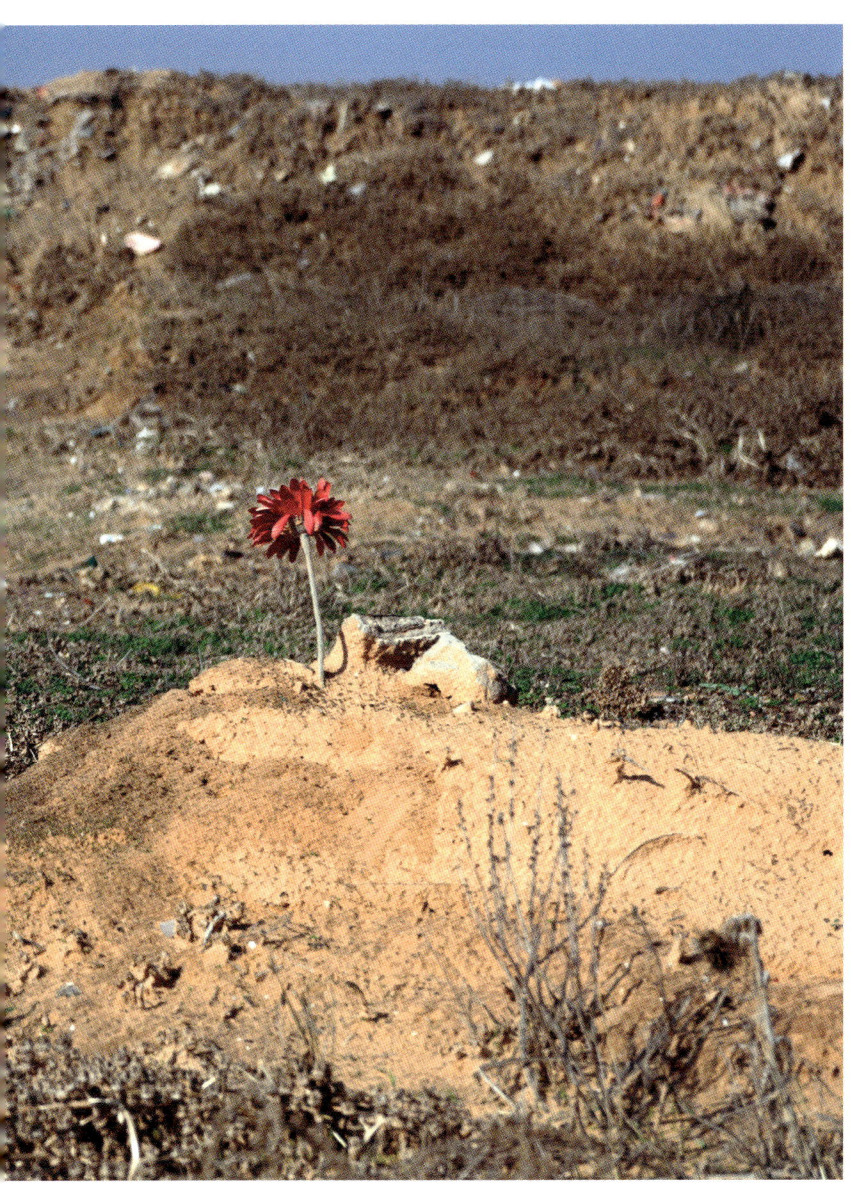

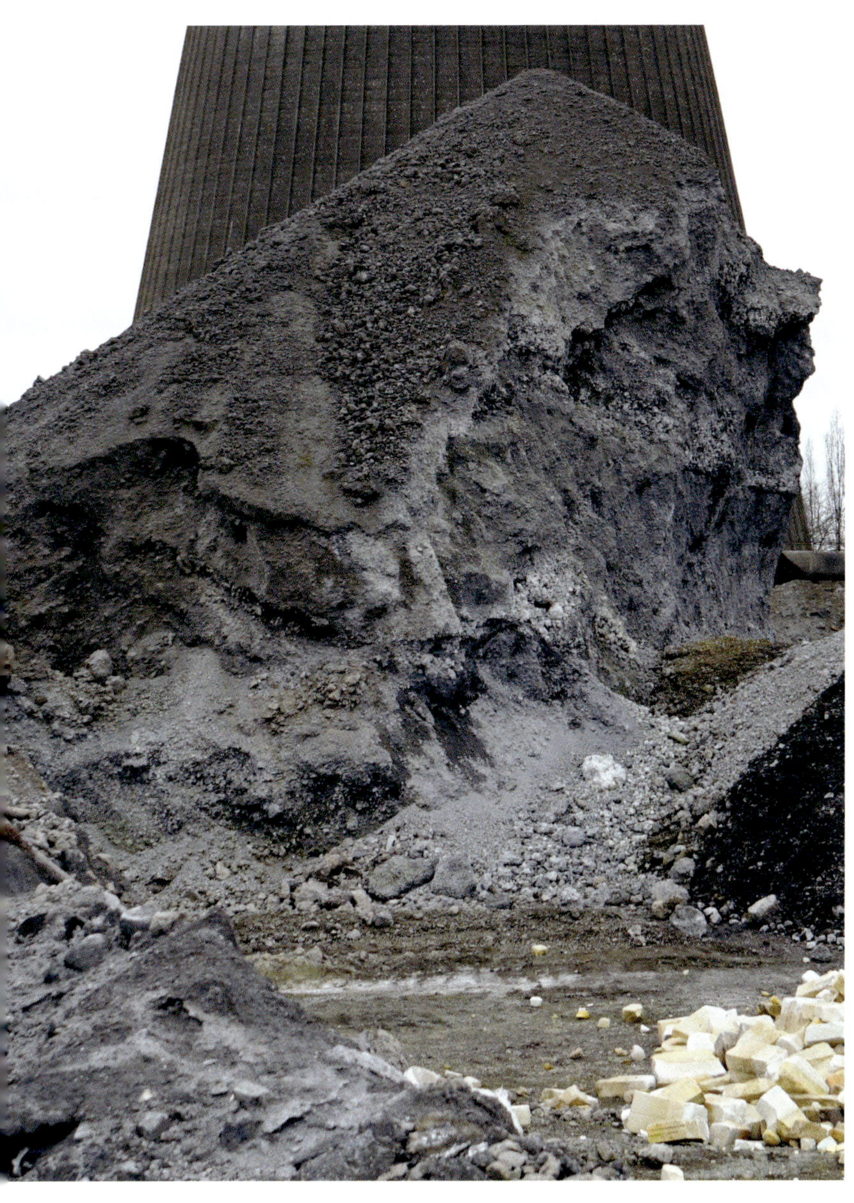

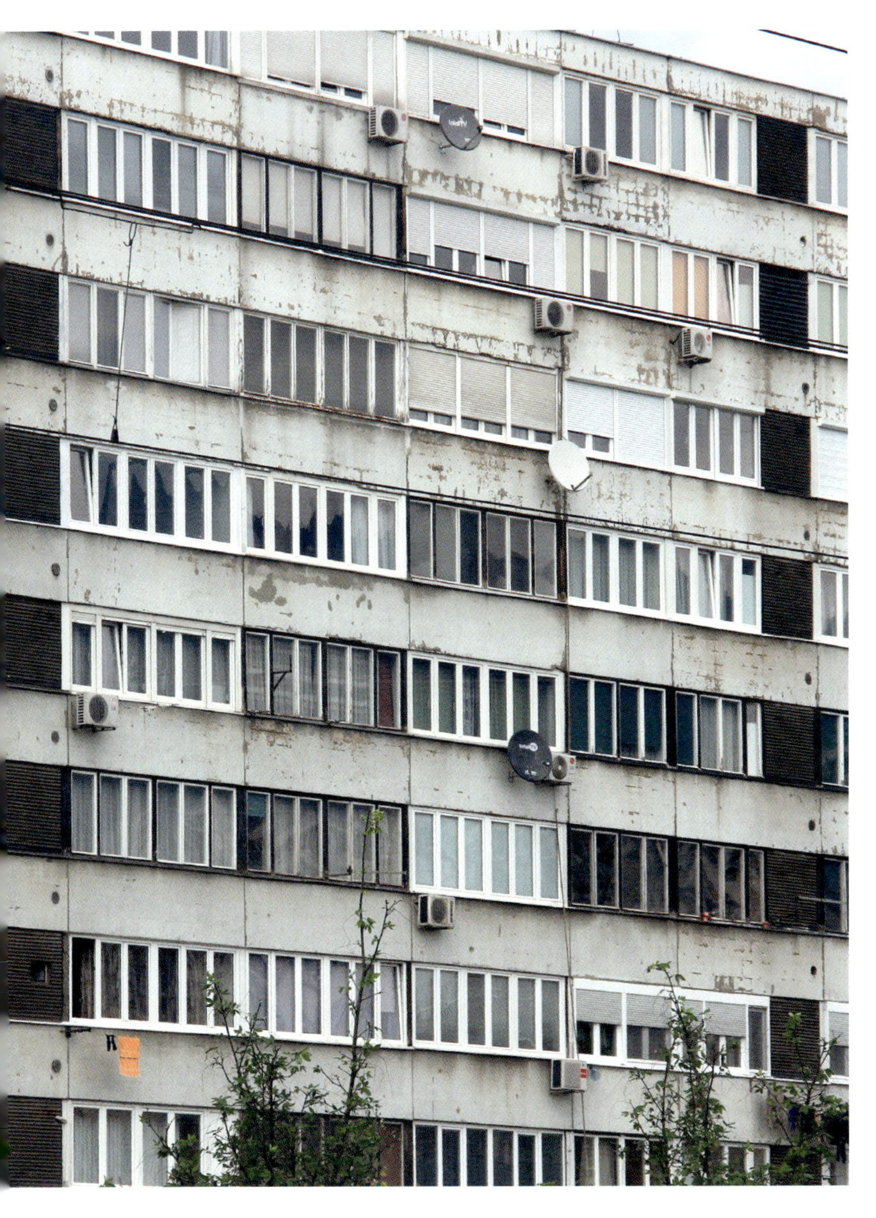

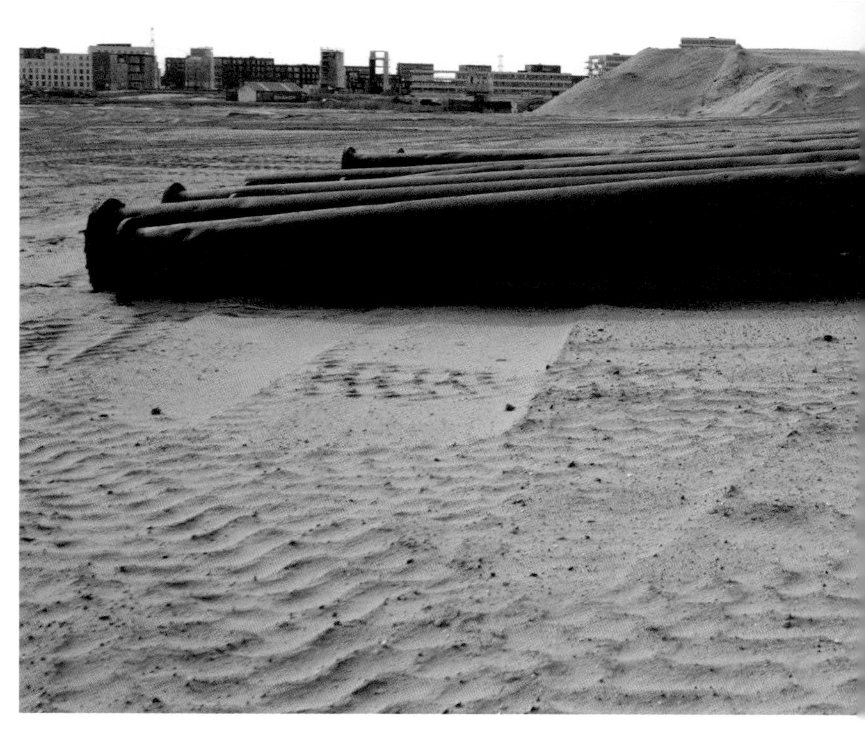

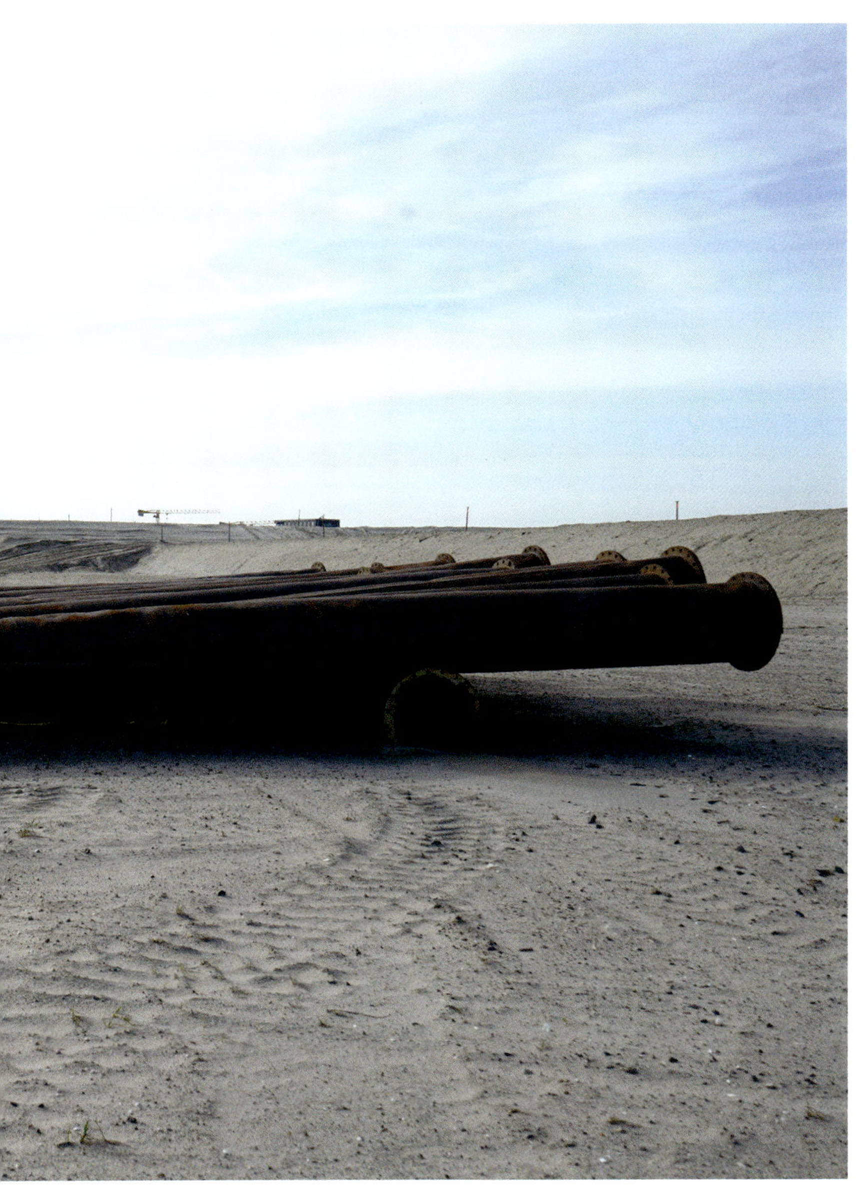

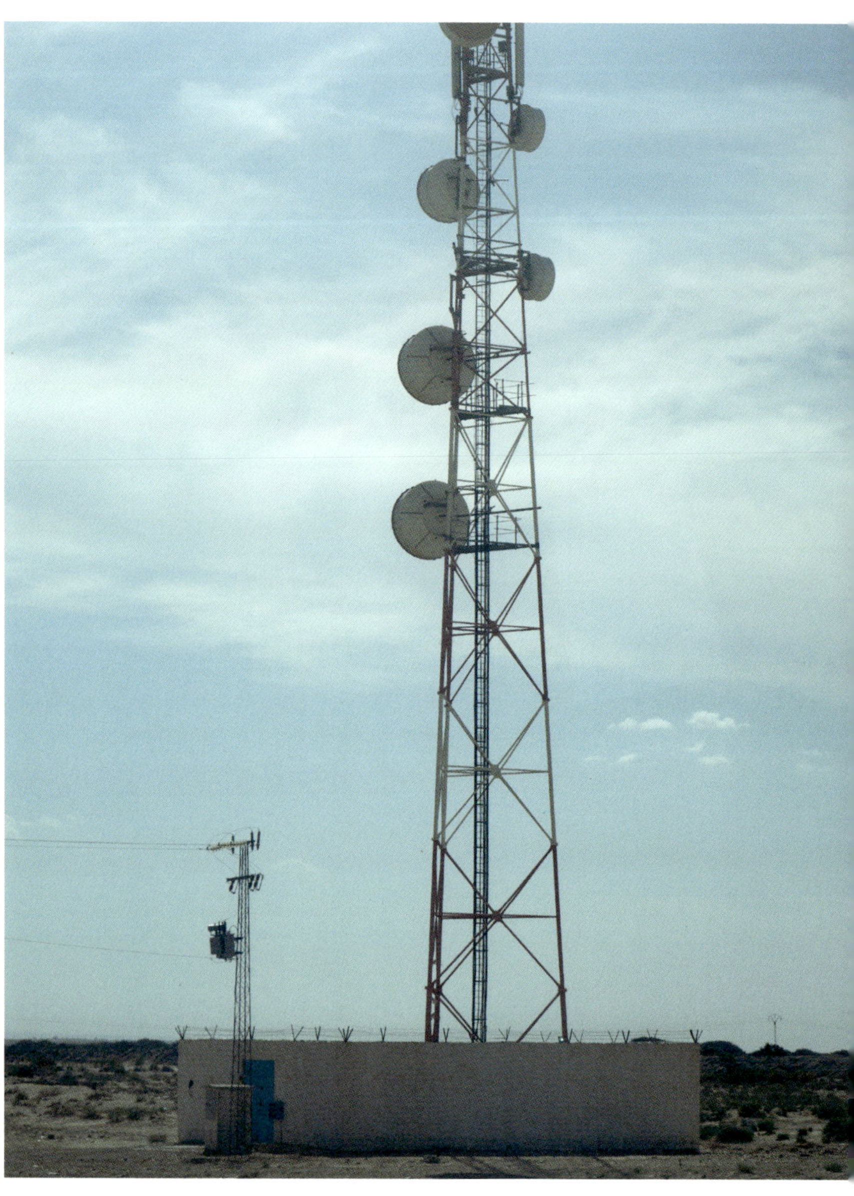

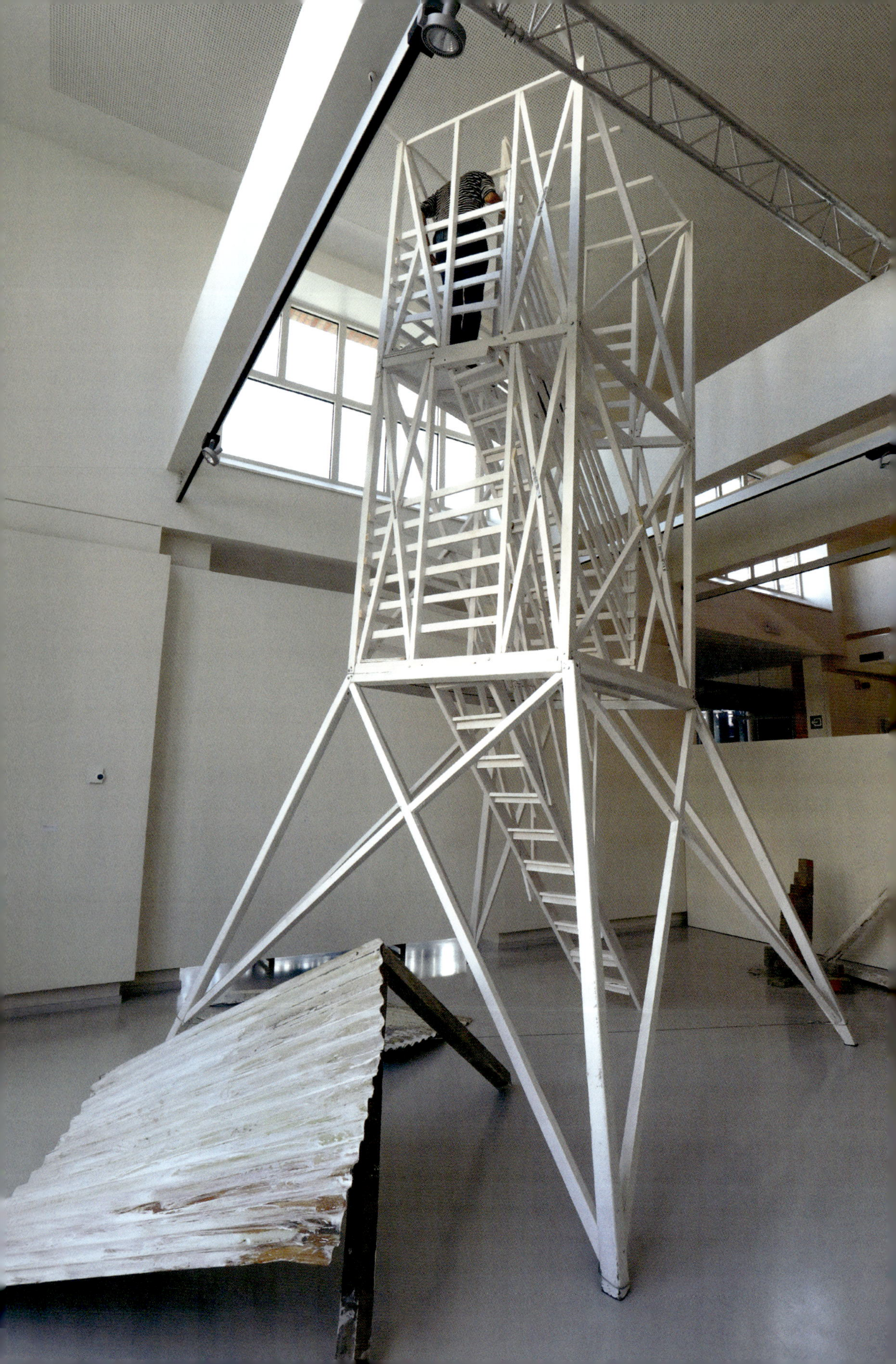

SOCIÉTÉS DISSOUTES
2018

Installation : bois, peinture blanche, vis, tirefonds, brique, tôle et ciment, 280 x 280 x 600 cm – 150 x 150 x 150 cm – 150 x 50 x 150 cm, Lauréate du Prix de la Commission des Arts de Wallonie et du Prix du Hainaut, Abattoirs de Bomel, Namur et gouvernement provincial du Hainaut, Mons, Ingénieurs – Delvaux © Ithier Held.

L'ascension au sommet d'une tour de surveillance délabrée provoque vertige et anxiété. Le spectateur déséquilibré arpente sa structure étroite, oppressante par essence. En haut de la tour, une vidéo laisse deviner les lieux où l'homme a détruit l'homme. Des décombres qui témoignent de l'obsolescence d'une société de contrôle et de surveillance.

Installation: wood, white paint, screws, lag screws, brick, sheet metal and cement, 280 x 280 x 600 cm – 150 x 150 x 150 cm – 150 x 50 x 150 cm, Laureate for the Prize of the Arts Commission for Wallonia and the Hainaut Prize, Abattoirs de Bomel, Namur, and Hainaut provincial government, Engineers – Delvaux © Ithier Held.

Rising to the top of a dilapidated surveillance tower causes vertigo and anxiety. The spectator, losing his balance, paces up and down the narrow, in essence oppressive, structure. On top of the tower, a video gives a faint representation of the places where man has destroyed man. Wreckage testifying to the obsolescence of a society of control and of surveillance.

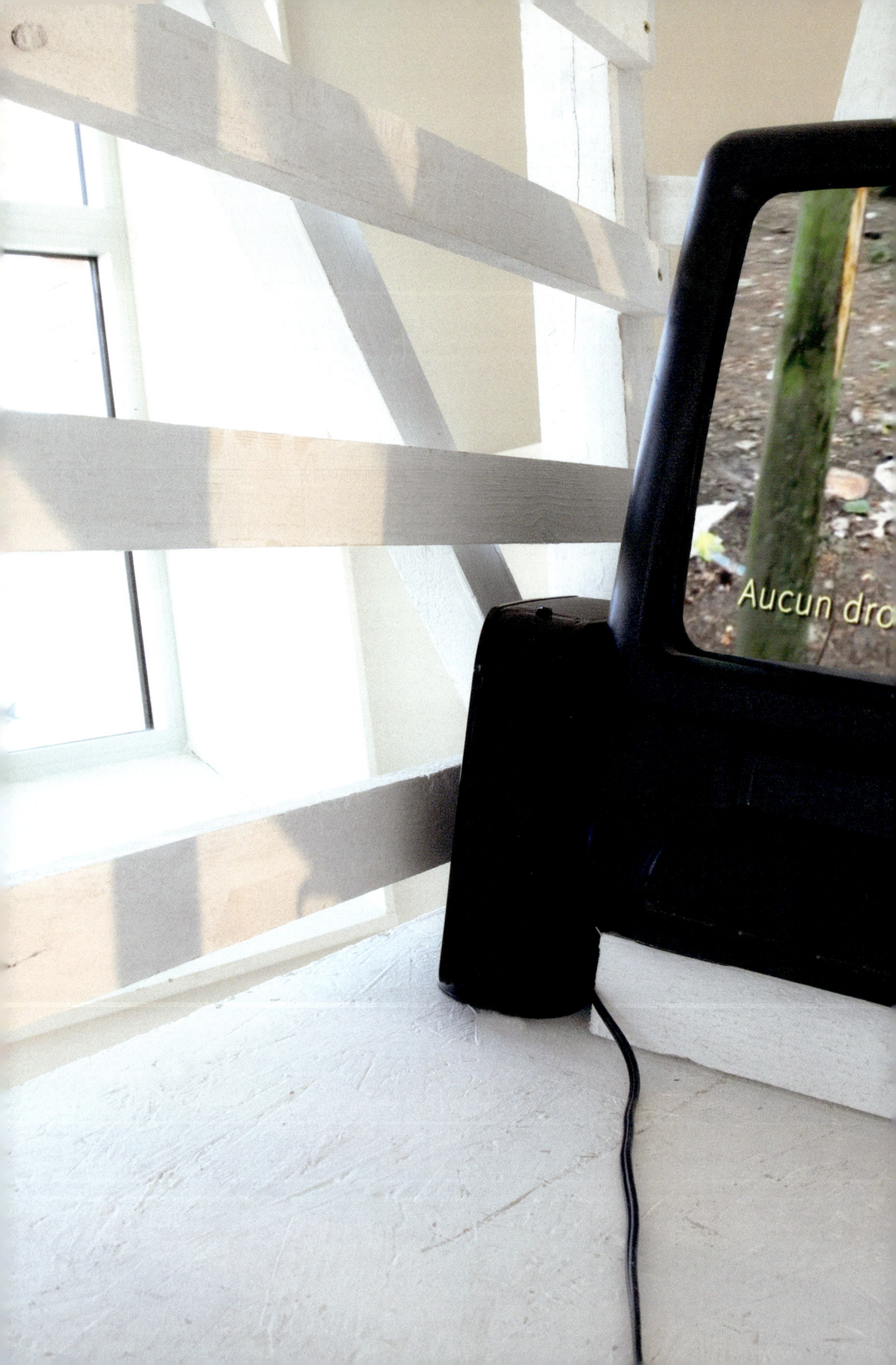
Aucun dro

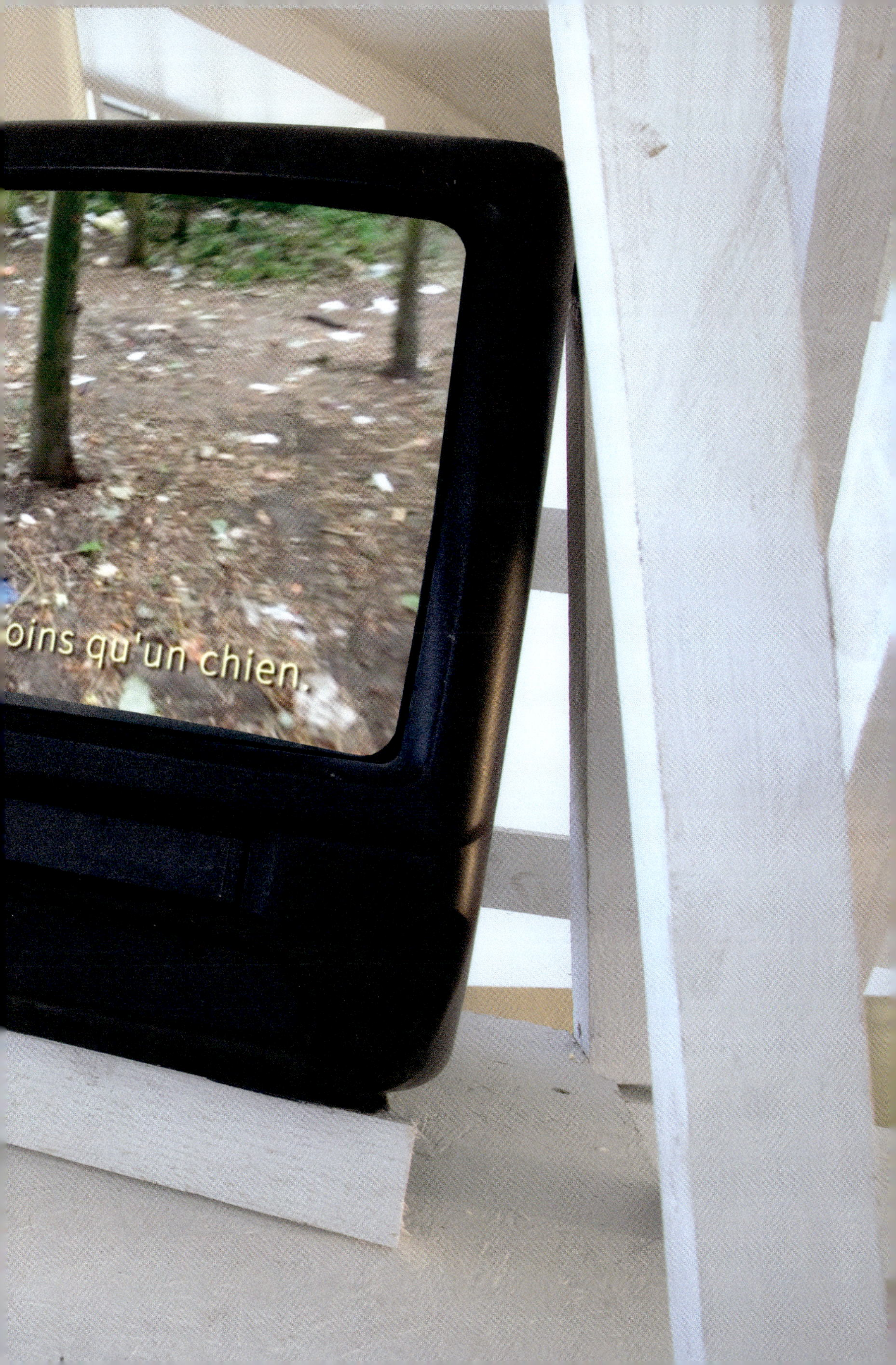
oins qu'un chien.

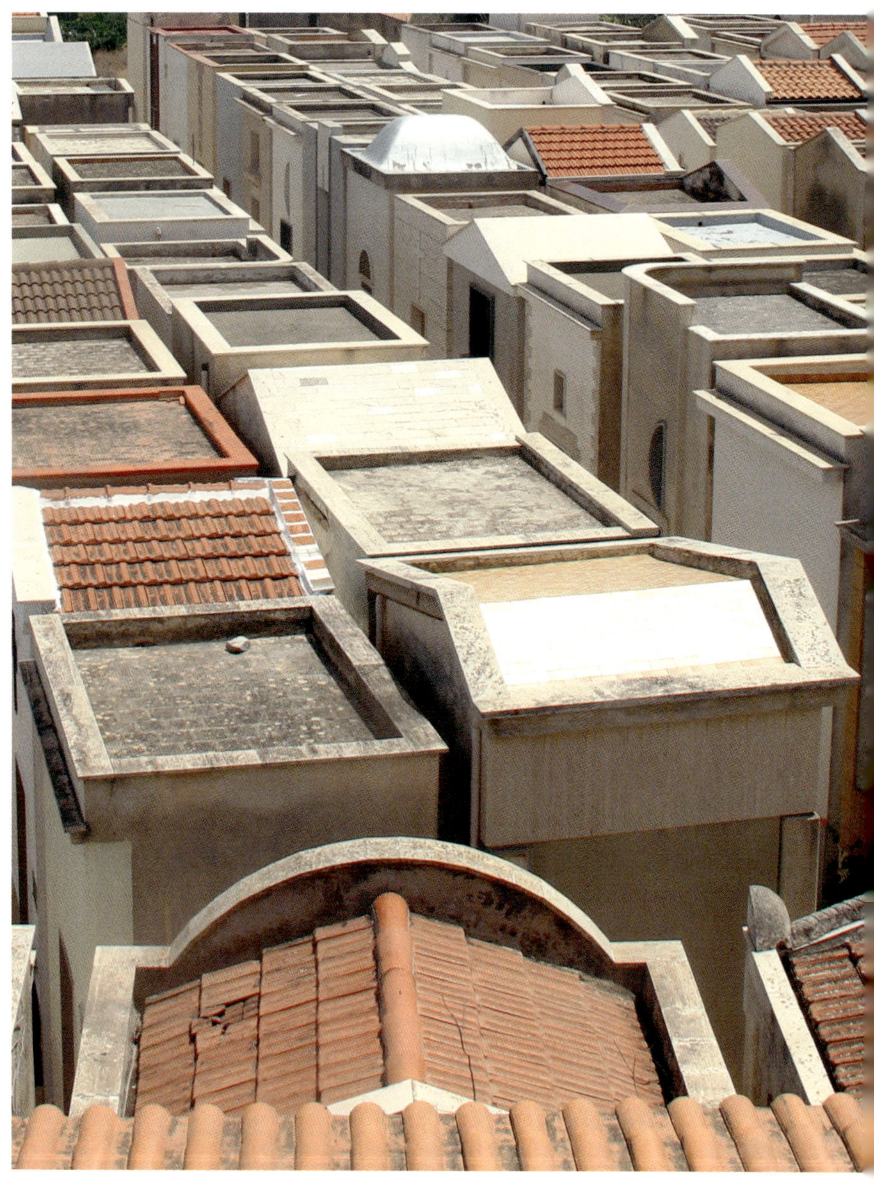

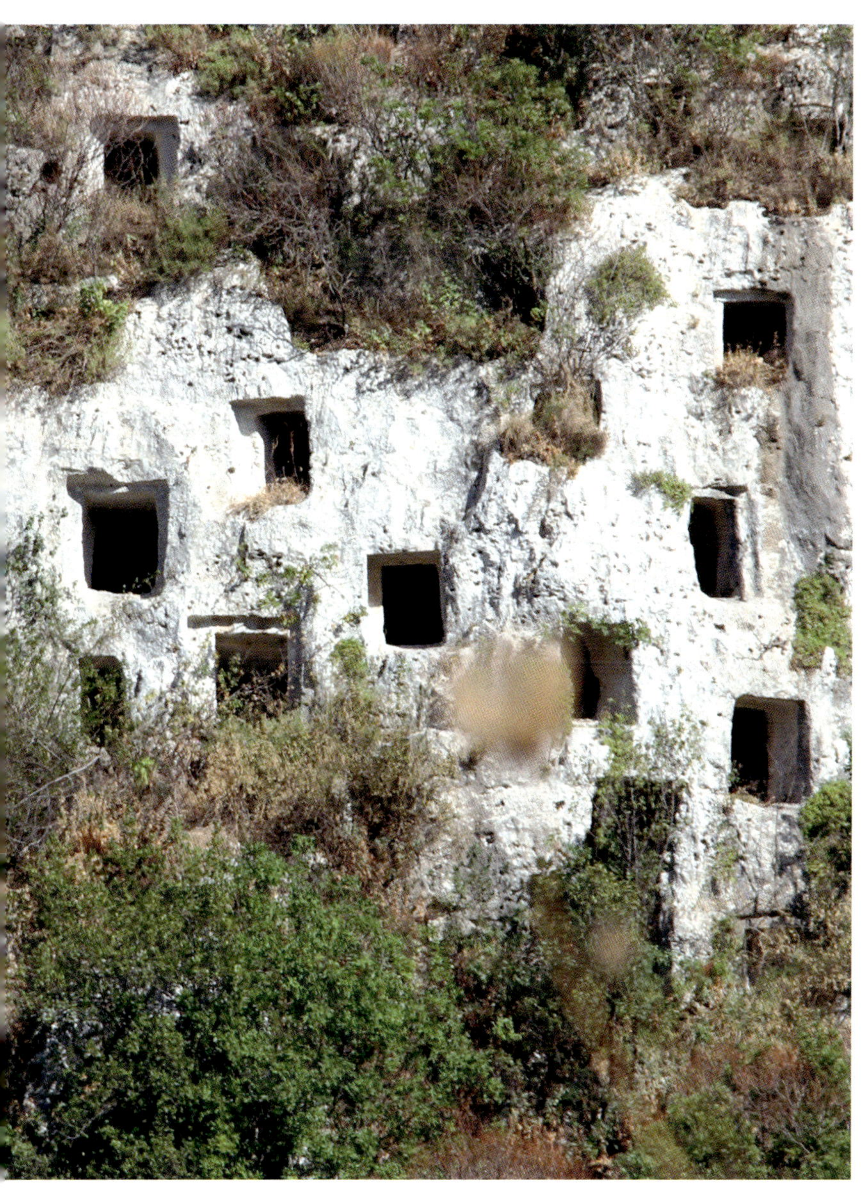

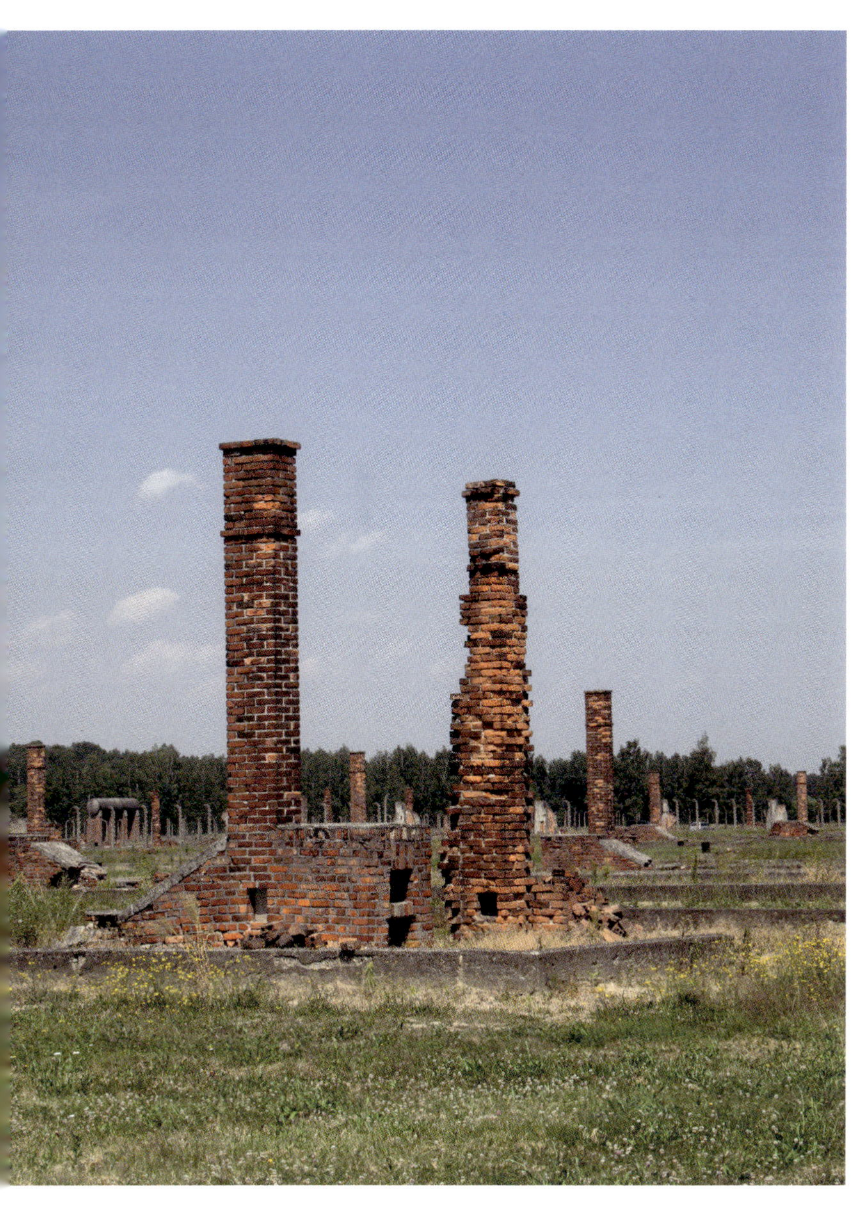

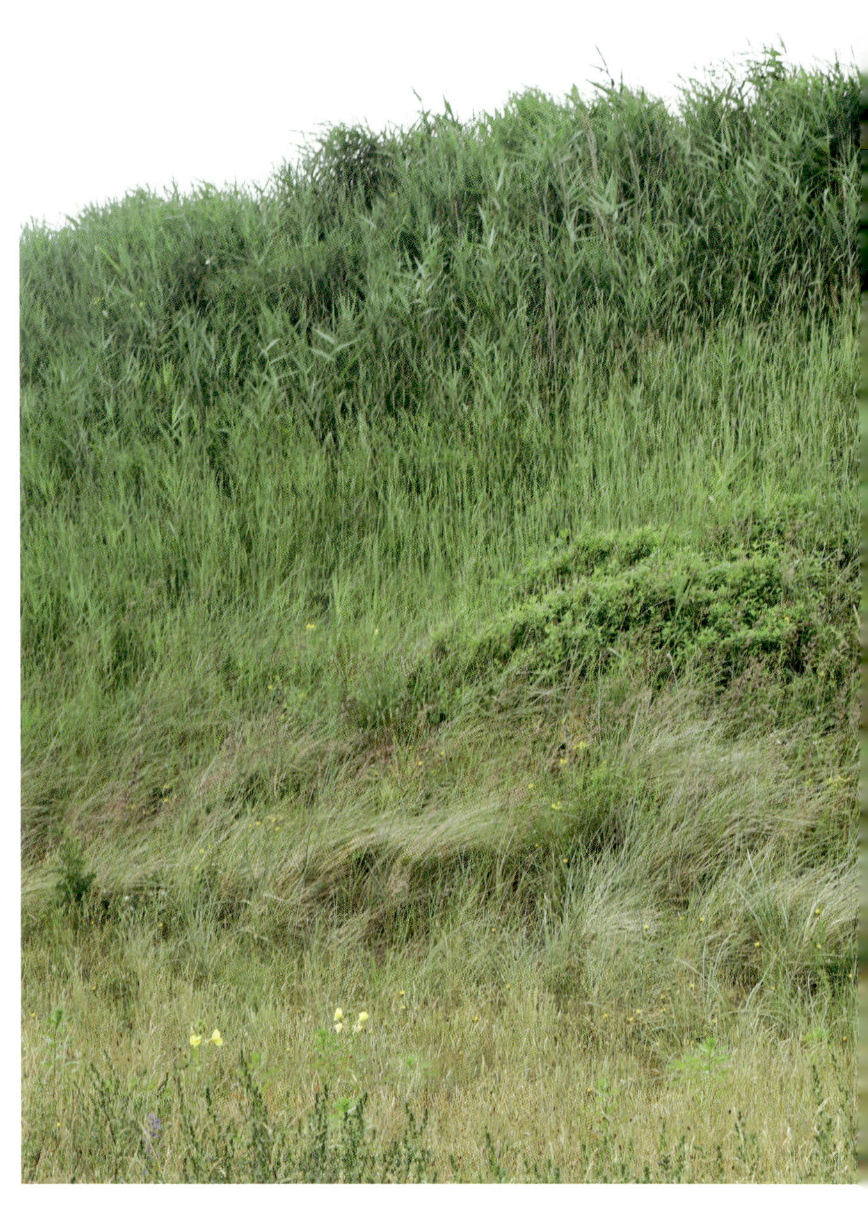

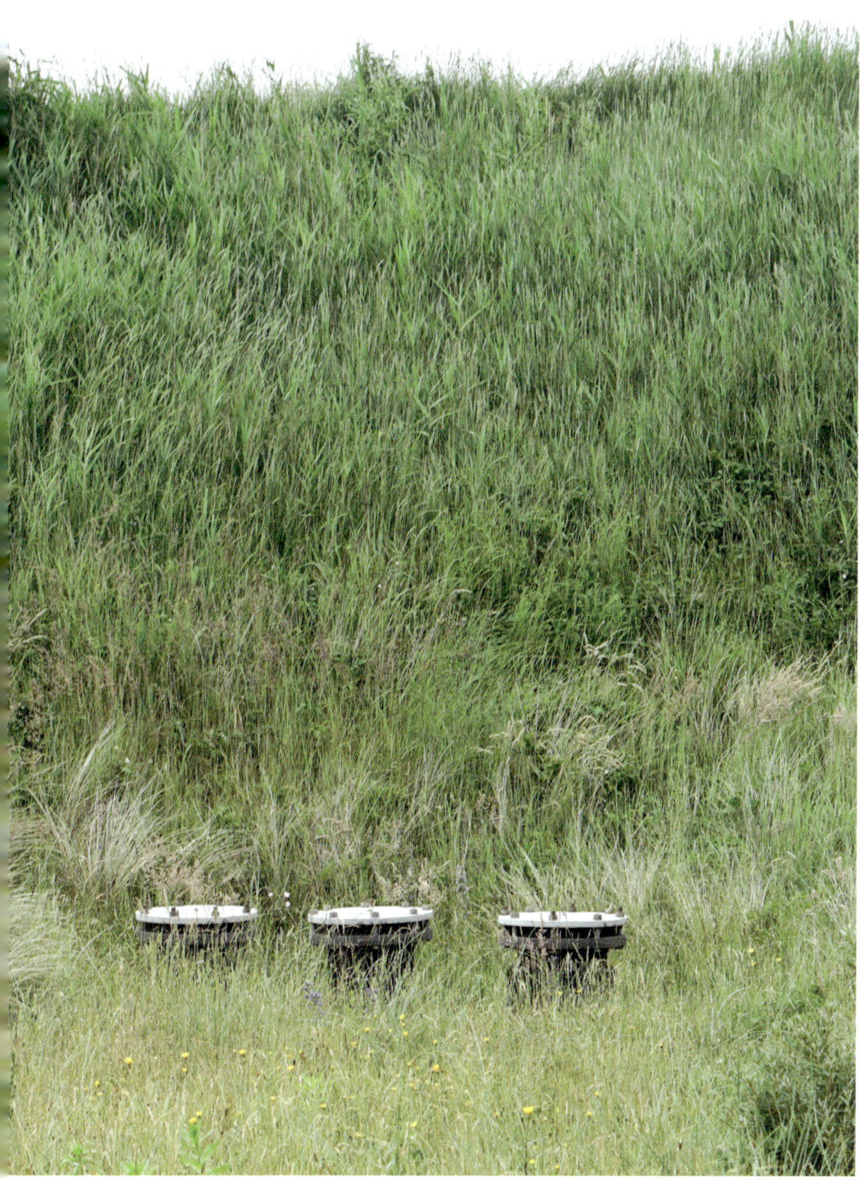

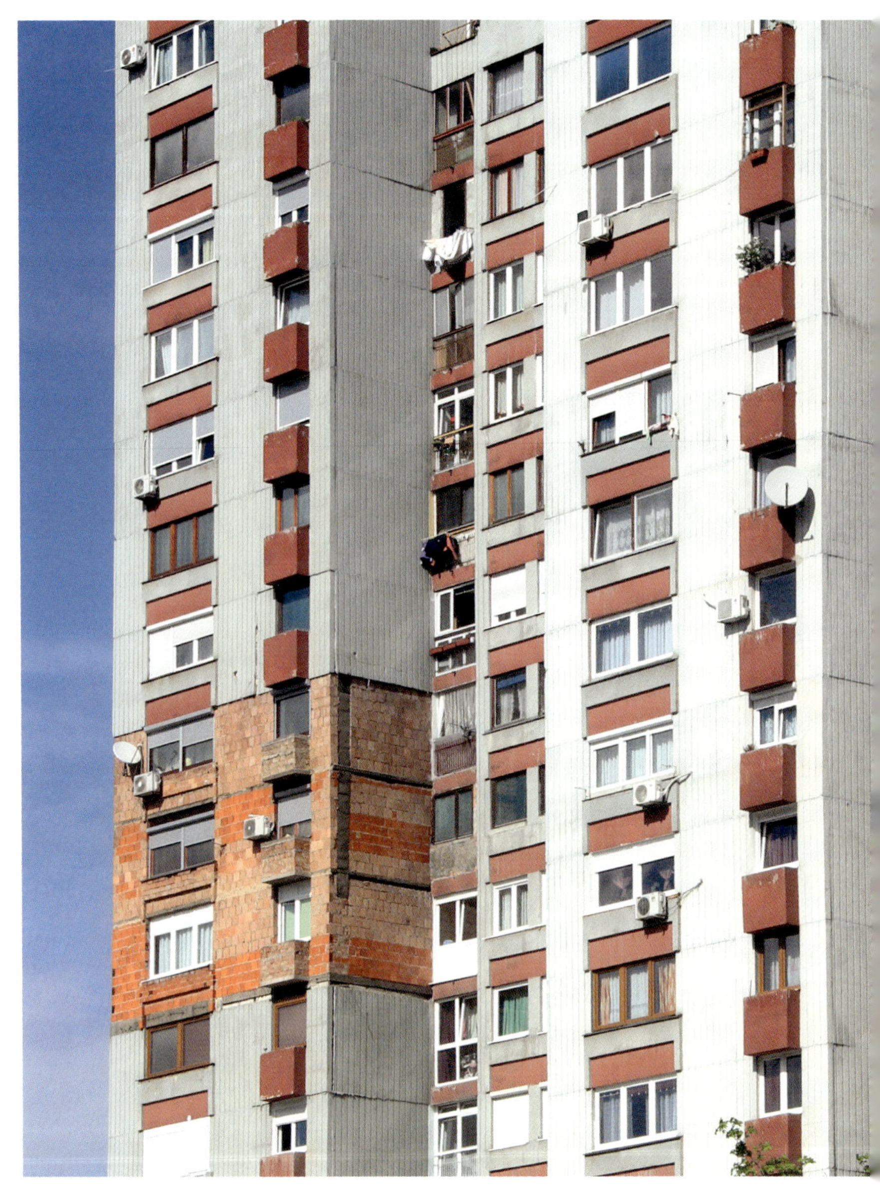

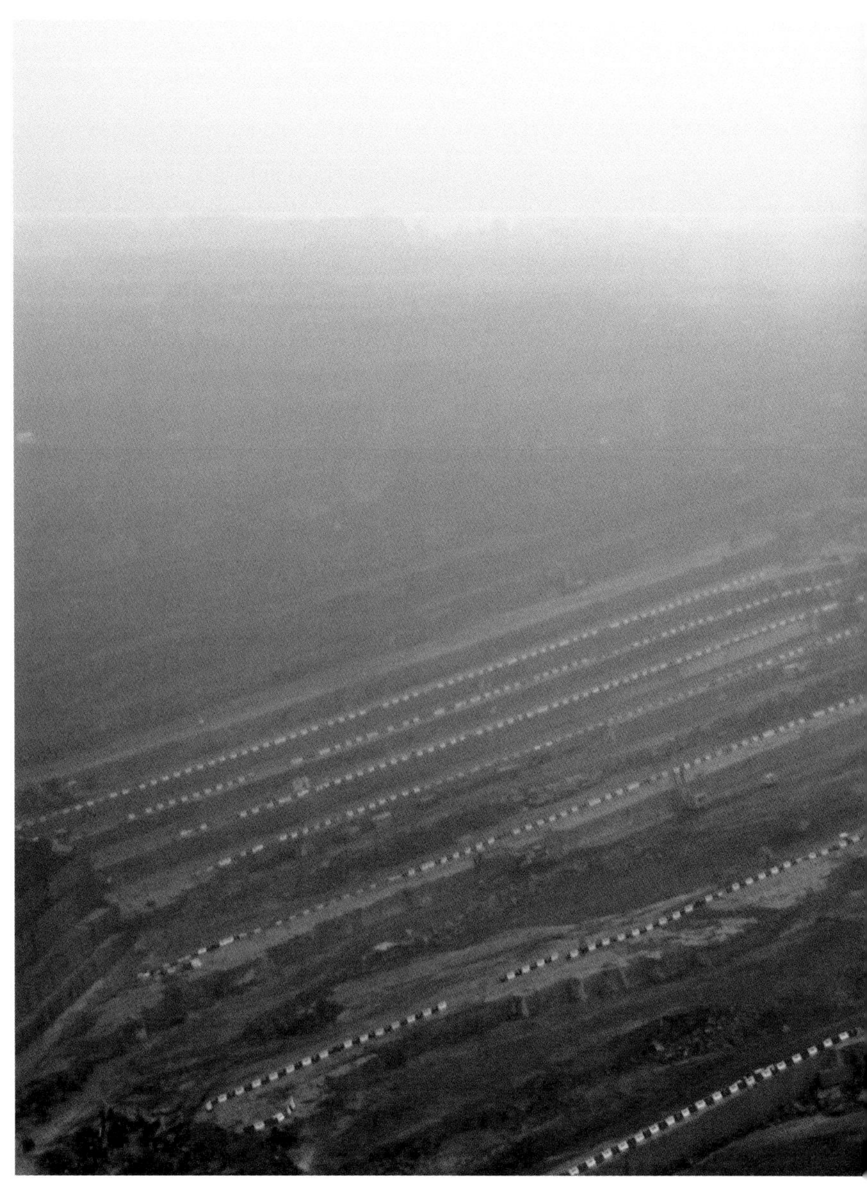

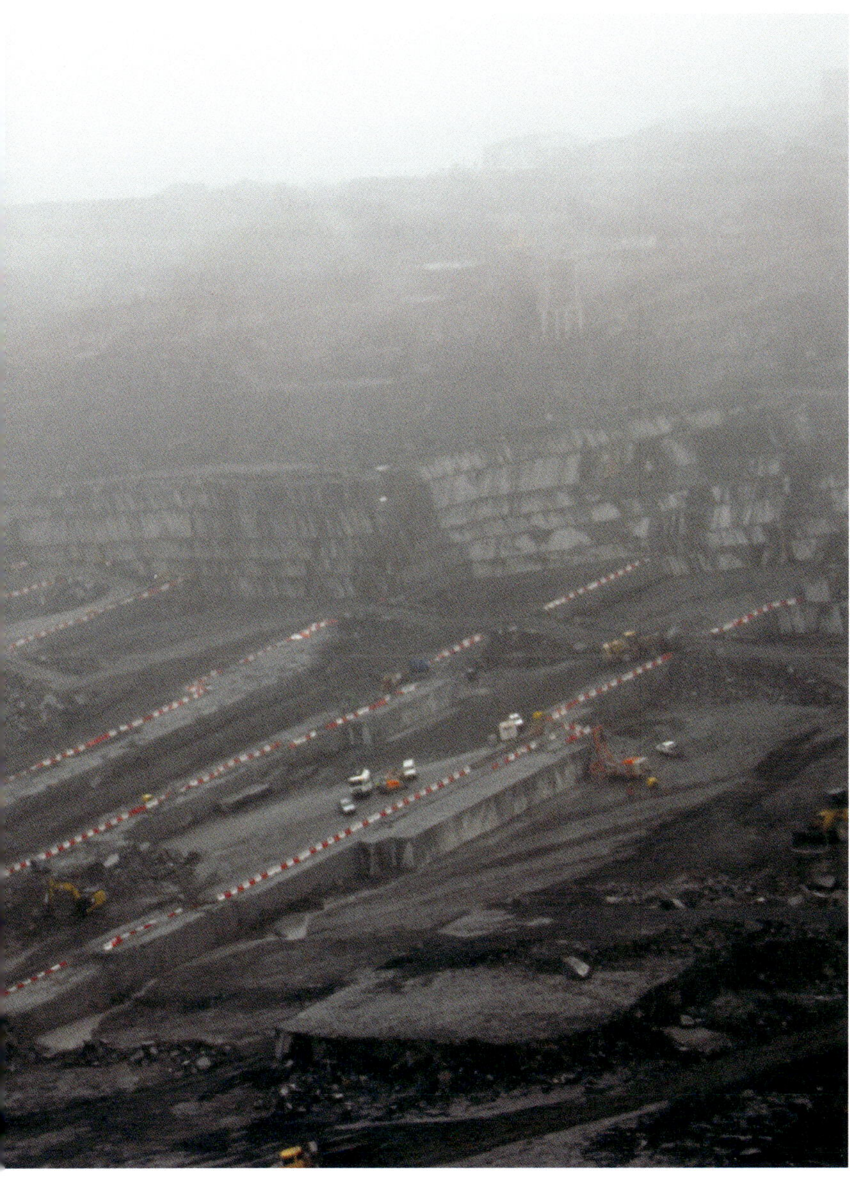

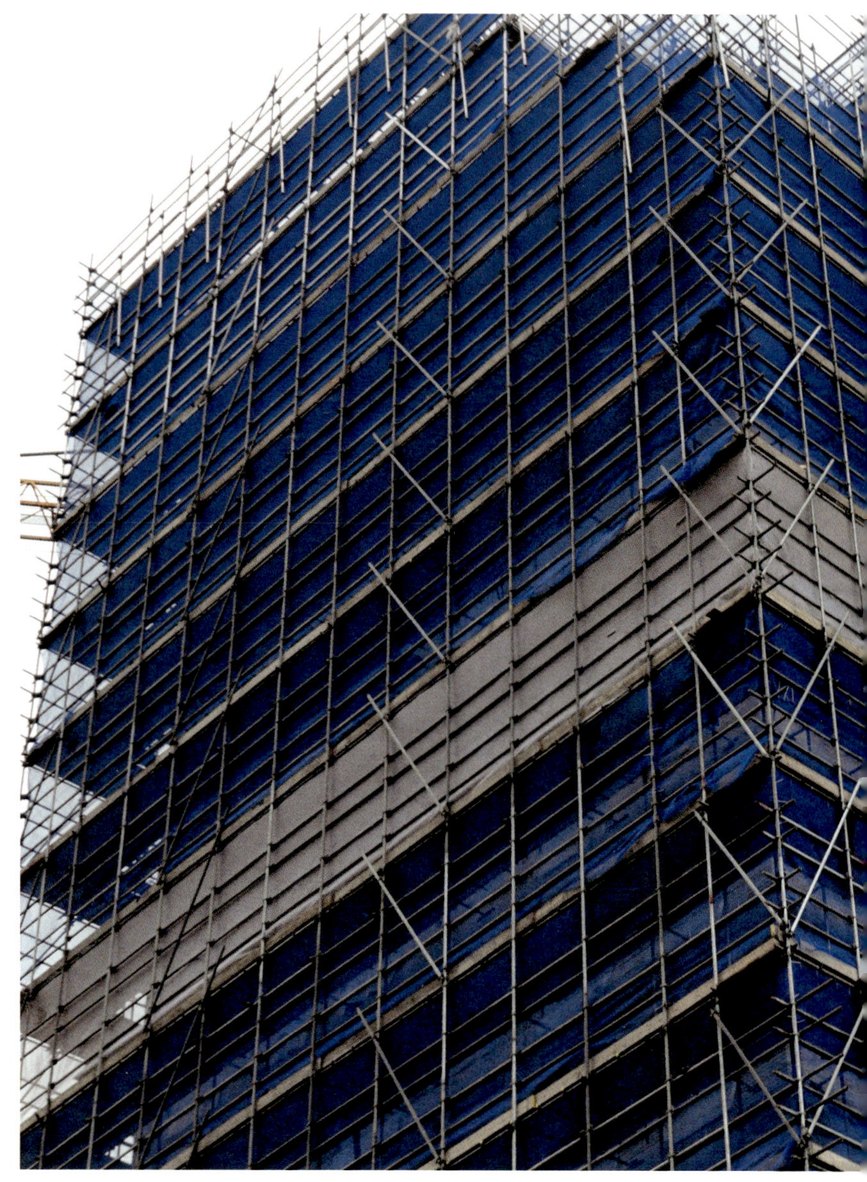

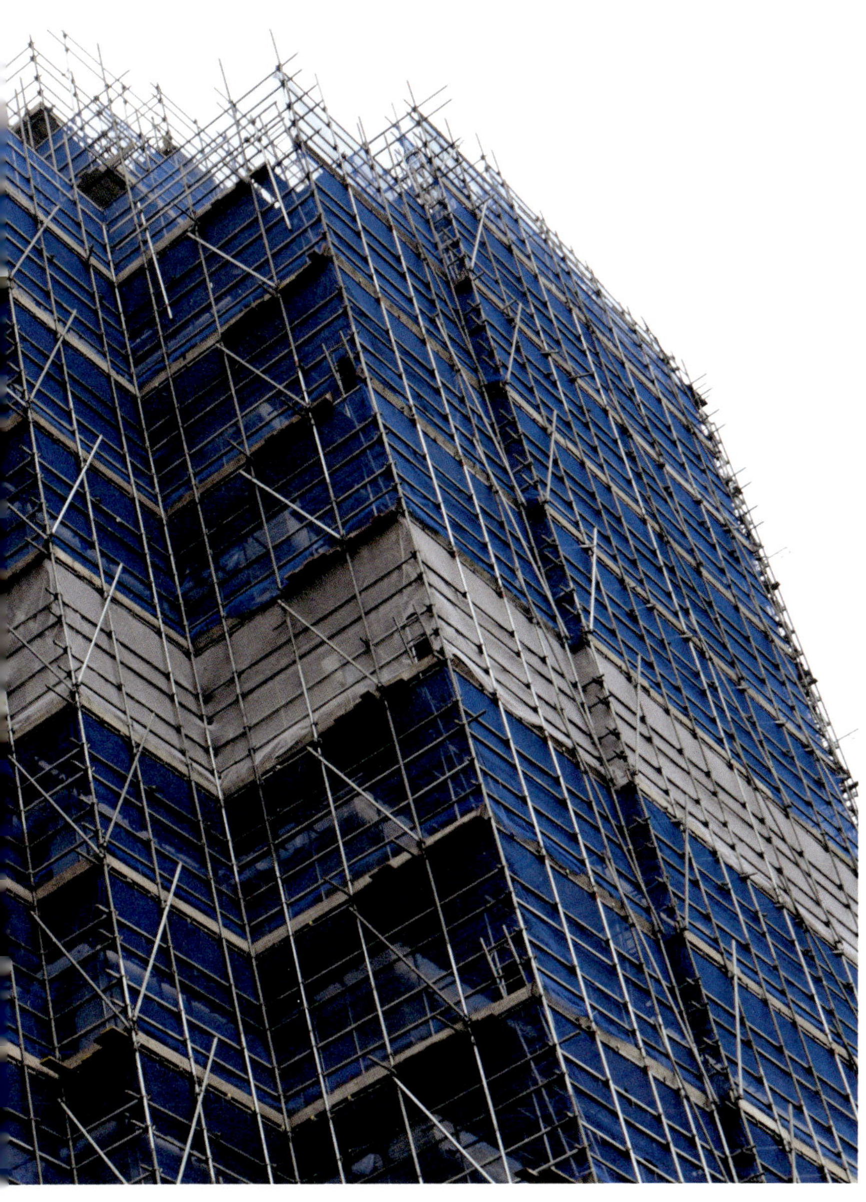

ENTRETIEN AVEC MANON PAULUS

anthropologue et journaliste

« Il existe un tableau de Klee qui s'intitule *Angelus novus*. Il représente un ange qui semble sur le point de s'éloigner de quelque chose qu'il fixe du regard. Ses yeux sont écarquillés, sa bouche ouverte, ses ailes déployées. C'est à cela que doit ressembler l'Ange de l'Histoire. Son visage est tourné vers le passé. Là où nous apparaît une chaîne d'événements, il ne voit, lui, qu'une seule et unique catastrophe, qui sans cesse amoncelle ruines sur ruines et les précipite à ses pieds. Il voudrait bien s'attarder, réveiller les morts et rassembler ce qui a été démembré. Mais du paradis souffle une tempête qui s'est prise dans ses ailes, si violemment que l'ange ne peut plus les refermer. Cette tempête le pousse irrésistiblement vers l'avenir auquel il tourne le dos, tandis que le monceau de ruines devant lui s'élève jusqu'au ciel. Cette tempête est ce que nous appelons le progrès. »

— Walter Benjamin, *Sur le concept d'histoire*

DISCUSSION WITH MANON PAULUS

anthropologist and journalist

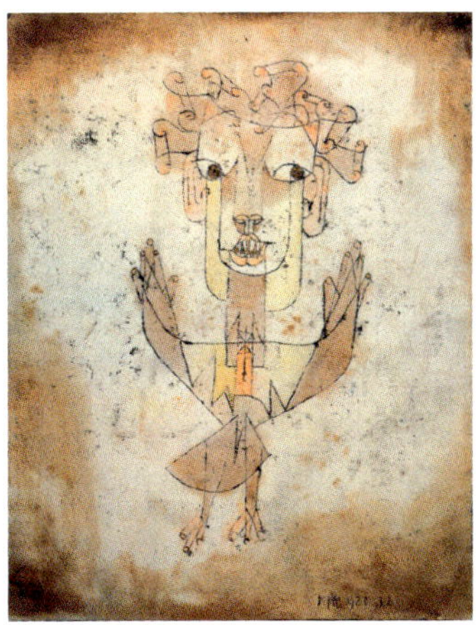

Angelus Novus, Paul Klee, aquarelle, 1920

"There is a painting by Klee, entitled *Angelus novus*. It represents an angel who seems about to pull away from something he is staring at. His eyes are wide open, his mouth agape, his wings spread. That is what the Angel of History should look like. His face is turned towards the past. Where we discern a chain of events, he only sees one single disaster, unceasingly heaping up one ruin on top of another and precipitating them underfoot. He would like to linger, wake up the dead and gather together what has been dismembered. However, from paradise a storm is blowing, becoming so violently caught in his wings that the angel cannot close them. The storm irresistibly pushes him towards the future, on which his back is turned, while the heap of ruins in front of him goes all the way up to the sky. This storm is what we call progress."

— Walter Benjamin, *On the Concept of History*

CONSTRUIRE LA RUINE

M.P. : À lire cet extrait de Walter Benjamin, la sentence prononcée par Maëlle Dufour en titre de cet ouvrage prend tout son sens. Mais dans ses pages, *Construire la ruine* se récite comme un mantra autant qu'il s'illumine d'une lueur d'espoir. Il s'agit surtout d'un constat : un panorama de l'Histoire de l'humanité où les fondations du « nouveau » s'élèvent sur les ruines du « dépassé ». Ces vestiges d'époques révolues réveillent pourtant en chacun la nostalgie du temps qui passe. Ils œuvrent tel un réservoir infini de significations, de savoirs, de sentiments esthétiques et taraudent poètes et artistes au fil des générations. Selon Marc Augé : « L'histoire à venir ne produira plus de ruines. Elle n'en a pas le temps[1]. » Elle laissera seulement les décombres encore fumants de l'actualité récente. Ruines et décombres s'accordent au moins sur un point : ils évoquent un événement dont ils sont la trace. Ce sont des restes, des résidus de matière, comme des déchets, qui informent le présent sur des choses passées. Toujours mystérieux et fragmentaires, mais qui donnent un aperçu du tout dont ils ne sont que des parties : « le reste d'une fragmentation de l'origine, de l'absolu[2] ». Plus qu'un tas de vieilles pierres, les structures dévastées portent en elles le dessein qui a guidé leur construction, présent à jamais dans leur ADN.

CONSTRUCTING THE RUIN

M.P.: When you read this statement by Walter Benjamin, the sentence pronounced by Maëlle Dufour as the title of this book fully makes sense. But in her pages *Construire la ruine* [Constructing the ruin] comes out as a mantra, while at the same time lighting up with a gleam of hope. This is essentially an observation: a panorama of the History of mankind, in which the foundations of the "new" rise above the ruins of the "bygone past". Those vestiges of days gone by do however awaken in each of us a nostalgia for time passing. They operate as an infinite reservoir of meaning, of knowledge, of aesthetic feelings, and they torment poets and artists through the generations. According to Marc Augé: "The history to come will not produce any ruins. It doesn't have the time."[1] It will only leave some steaming wreckage of recent news items. Ruins and wreckage have at least one point in common: they bring to mind an event of which they are the trace. They are remains, residues of matter, akin to refuse, informing the present about things past. Always mysterious and fragmentary, but giving a glimpse of the whole of which they are only parts: "what is left of a fragmentation of the origin, of the absolute".[2] Rather than being a heap of old stones, those structures gone to waste bear the intent which presided over their construction, forever present in their DNA.

Il n'est rien d'étonnant à ce que ruines et détritus partagent aussi des accointances, hormis dans le regard qu'on leur porte. Si le déchet est de l'ordre de l'abject, de la souillure, de ce qu'il faut ôter du regard, exiler au plus loin ; la ruine, de son côté, garde un aspect plaisant, nostalgique ou ludique. Même dans un état de délabrement peu flatteur, elle reste le terrain de jeu d'explorateurs urbains qui la dévorent sous toutes les coutures. Dans les deux cas de figures, ces résidus qui demeurent malgré tout ont perdu leur fonction et leur usage. L'un sera disqualifié, l'autre mythifié.

Et pourtant, que sont les objets archéologiques sinon les déchets d'une époque passée ?

It is hardly surprising that ruins and rubbish should have close connections, except in the way they are looked at. Whereas waste is a matter of abjection, of defilement, of what should be removed from sight, exiled as far as possible, ruins on the other hand retain an amiable, nostalgic, play-like side. Even in a rather unflattering state of dilapidation, ruins remain a playing field for urban explorers who feast on them from every angle. In both scenarios those residues, which remain in spite of everything, have lost their functions and their use. The one will be discredited, the other mythified.

And yet, what are archaeological objects if not the waste from an earlier era?

ARCHÉOLOGIE DES DÉCHETS

M.P. : Dans ton travail, tu parles d'une « archéologie des déchets ».

M.D. : « L'archéologie des déchets », fait référence à l'intervention de William Rathje dans le livre *The Everchanging Repetition* (2015) consacré à la démarche artistique de Peter Buggenhout. Il y est question de l'étude des déchets de l'immense décharge de Fresh Kills à New York, la plus grande construction faite par l'homme à ce jour. Rathje la compare à la découverte du tombeau de Toutânkhamon. C'est quelque chose de prodigieux, cela nous renseigne très précisément sur la manière dont fonctionnent nos sociétés, mais aussi sur l'héritage que nous laisserons aux générations futures. Justement, avec la pièce que j'ai montée à Anvers (*Mirage*, 2021), on retrouve cette notion d'archéologie des déchets. C'est une explosion de matières, de plein d'éléments différents. Je trouve fort intéressant d'utiliser cette notion, cela fait sens par rapport à nos sociétés et ce que nous laisserons.

Il y a toujours une présence dans la matière, c'est quelque chose de très important pour moi. Changer de matériaux est intéressant, en fonction du lieu, de ce que j'ai envie de dire.

ARCHAEOLOGY OF WASTE

M.P.: In your work, you talk about an "archaeology of waste".

M.D.: The phrase "archaeology of waste" refers to William Rathie's intervention in the book *The Everchanging Repetition* (2015) devoted to Peter Buggenhout's artistic approach. This concerns the study of waste in the huge Fresh Kills rubbish tip in New York, the largest man-made construction to date. Rathie compares this to the discovery of the tomb of Tutankhamun. It is prodigious, and informs us very precisely as to the way in which our societies function, but also on the heritage we are going to leave to future generations. Precisely with the piece I put up in Antwerp (*Mirage*, 2021), you find that notion of archaeology of waste. It is an explosion of types of matter, of many different elements. I find it quite interesting to use that notion, which makes sense as regards our societies, and what we will leave behind.

There is always a presence in matter, it is something very important for me. Changing materials is interesting, depending on the location, on what I wish to convey.

J'ai travaillé avec une matière naturelle manufacturée, dont j'ai utilisé les restes dans mes sculptures pour obtenir la boue de pierre bleue. Mais aussi avec les déchets, comme le schiste des terrils. À Anvers, j'ai utilisé l'argile de Boom, qui n'est pas un déchet, on l'utilise pour faire des briques. Je l'ai choisie pour cette installation, car elle a parmi ses propriétés de pouvoir contenir les déchets radioactifs. Je voulais questionner l'idée du contrôle : on veut enfouir les déchets radioactifs dans l'argile de Boom, mais sans savoir si cela va réussir. Cette notion d'incertitude m'intéresse.

À propos de la boue de pierre bleue, j'aime que l'œuvre puisse évoluer dans le temps. La pierre bleue séchait de plus en plus pendant l'exposition ou pourrissait. À Anvers, j'ai inclus des plantes dans l'installation. Avec la caméra thermique, je partais du postulat : nous ne sommes que chaleur, que matière. Je voulais prolonger la réflexion sur l'universalité des corps et des espèces vivantes via l'imagerie thermique. Dans sa lentille, nous ne sommes définis que par notre chaleur, rien d'autre. Le corps se fond dans son environnement.

I worked with a manufactured natural material, the remainder of which I used in my sculptures to obtain blue stone mud. But also with waste, like the schist from slag heaps. In Antwerp I used clay from Boom, which is not waste, as it is used to make bricks. I chose it for that installation as one of its properties is that it can bee used to contain nuclear waste. I wanted to question the idea of control: they want to bury nuclear waste in Boom clay, but without knowing whether this will succeed. I find that notion of uncertainty thought-provoking.

Talking about blue stone mud, I like the idea that a work can evolve with time. The blue stone dried more and more during the exhibition, or else it rotted. In Antwerp I included plants in the installation. With the thermal camera, I started from the postulate that we are nothing but heat, and matter. I wanted to prolong the reflection on the universality of bodies and of living species via thermal imagery. In its lens we are only defined by our heat, nothing else. The body melts into its environment.

M.P. : Ruines comme déchets questionnent la permanence, autant qu'ils soulignent l'instabilité, le désordre, l'éphémère : « Ils marquent la fin de la "belle unité" en même temps qu'ils supposent la violence qui a brisé le tout[3]. »

Dans le travail de Maëlle Dufour, les constructions délabrées se confrontent au lieu d'exposition, à son architecture ou à ses propres résidus historiques. Chargées par le poids de la perte, elles laissent entrevoir la faillibilité, le fragile équilibre des choses.

Celui qui observe les ruines, sait que rien n'est acquis et préfère donner raison au chaos plutôt qu'à l'ordre. Tour désossée, dont l'ossature interne est dévoilée ; autoroute brisée ; fusée clouée au sol : autant d'installations qui portent en elles une fragilité, car séparées de leur fonction initiale. Une manière peut-être de conjurer le sort, d'exorciser ces lieux « où l'homme détruit l'homme[4] », en mettant à nu les structures. « Renverser un objet, c'est lui ôter sa signification[5] », mais c'est aussi en dérouter le sens et en saper l'autorité. La décadence à l'échelle 1:1 de ces installations, sculptées dans le tournis des grandeurs, parvient à rendre sa propre vulnérabilité à l'individu qui les regarde. Le contrôle, dont voudraient se draper nos sociétés, n'est finalement qu'un leurre. La gestion des déchets en est d'ailleurs l'un des premiers révélateurs, qu'ils soient radioactifs ou autres, ils se refusent à une destruction totale, pourtant exigée une fois leur valeur d'usage ou marchande consommée.

M.P.: Ruins and waste both question permanence, as much as they highlight instability, disorder, the ephemeral: "they mark the end of the 'beautiful unity', while at the same time they presuppose the violence that broke the whole."[3]

In Maëlle Dufour's work, the dilapidated constructions are confronted with the exhibition venue, with its architecture, or with its own historical residues. Burdened with the weight of loss, they provide glimpses of the fallibility, of the shaky balance of things.

Whoever observes ruins knows that nothing should be taken for granted, and prefers to agree with chaos rather than with order. A tower taken to pieces, revealing its internal structure; a smashed motorway; a rocket pinned to the ground: so many installations carrying in themselves a certain vulnerability, as they have been detached from their initial function. A way perhaps of warding off bad luck, of exorcising those places "where human beings destroy human beings",[4] by laying bare structures. "If you knock over an object, you are depriving it of its signification",[5] but this also involves diverting its meaning and undermining its authority. The decadence on the scale of 1:1 of those installations, sculpted in the dizziness of grandeur, manages to give his own vulnerability back to the individual who beholds them. The control in which our societies would like to cloak themselves is after all nothing but self-delusion. And the management of waste is one of the first giveaway signs of this, whether the waste is radioactive or not: it is refractory to the total destruction required once its use or market value has been consumed.

Maëlle Dufour discerne la beauté dans l'imprévu : de ce champignon qui pousse sur un terril, de ces plantes qui reprennent possession des lieux, de cette craquelure qui se forme avec le temps. Des œuvres qui assument leur « devenir-ruine ». L'imprévu se trouve aussi dans le laissé-pour-compte, dans l'attraction d'une matière qui n'est pourtant qu'épave. Une rêverie matérielle qui flirte allègrement avec celle de Bachelard.

Avec l'intérêt vient la réhabilitation. Purs déchets, résidus de processus industriels ou matière dénigrée trouvent dans ces œuvres la considération qu'il pourrait être bon de leur accorder. Qu'il soit humain ou objet, celui qui perd son emploi est écarté. Bousculer l'ordre établi en étalant « ce qu'on ne devait pas voir » revient alors à reconsidérer la frontière entre l'inutile et l'utile. Ou, tout au moins, à rappeler leur existence vagabonde, une fois notre désir rassasié.

Maëlle Dufour perceives beauty in the unforeseen: from that mushroom growing on a slag heap, from the plants regaining possession of an area, to the cracks developing over time. Works which are comfortable with their "becoming-ruins". The unforeseen is also found in what is left behind, in the attraction for a material, although it is only a wreck. A form of material daydreaming which is flirting happily with that of Bachelard.

With the interest comes the rehabilitation. Sheer waste, residues arising in industrial processes or decried matter all find in these works the consideration that they might well deserve. Whether human being or object, what has lost its use is discarded. Upsetting the established order by displaying "what should not have been seen" thus comes down to reconsidering the boundary between the useless and the useful. Or at the very least to recalling their wandering existence, once our wishes have been satisfied.

UNE MÉMOIRE VIVANTE

M.P. : Tu parles beaucoup de l'humain et de sa chute ?

M.D. : Oui, mais que ça ne soit pas du tout que négatif. La ruine peut être un renouveau, il y aura toujours des civilisations. *Construire la ruine*, le titre de ce livre, peut aussi signifier l'apogée d'une société, de la civilisation. Les ruines, les monuments que l'on va admirer en Égypte, par exemple, sont l'apogée de quelque chose. La ruine peut être envisagée comme quelque chose qui, dans le passé, a été grandiose. Le faîte, le point culminant ou, à l'inverse, déjà descendant. C'est cyclique de toute manière.

Durant mes études à la Cambre, je travaillais plutôt sur un moment de basculement plus personnel. Maintenant c'est davantage politique, mais sans exclusive. Je fais référence à la destruction de l'homme par l'homme ou de la nature par l'homme. Au final, ça se rejoint.

A LIVING MEMORY

M.P.: You often talk about human beings and their fall?

M.D.: Yes, but let it not be merely negative. A ruin can be a resurgence, there will always be civilisations. *Construire la ruine* [Constructing the ruin], the title of this book, can also mean the apogee of a society, of civilisation. The ruins, the monuments that people go and admire in Egypt for instance, are the apogee of something. A ruin can be envisaged as something which was grandiose in the past. The pinnacle, the highest point, or conversely, already on its way down. It is cyclical anyway.

During my studies at La Cambre, I was rather working on a more personal tipping point. Now it is more political, but not exclusively so. I refer to man's destruction of man, or man's destruction of nature. In the end it all connects.

M.P. : Tu élabores certaines de tes œuvres autour de la mémoire, une mémoire que tu dis « vivante ».

M.D. : La question de la mémoire me touche : rendre hommage, d'une certaine manière, sans que ce soit trop évident. La question de la trace revient beaucoup. C'est le cas dans les plaques de plomb (*Les mondes inversés*, 2017), où il y a une trace de l'homme. Dans chacune de ces images, il y a une marque, celle d'un passage.

M.P. : Les textes que tu rédiges pour accompagner tes œuvres, c'est étrange, on ne sait pas exactement de quoi cela parle et, en même temps, ils disent beaucoup de choses. Comment les écris-tu ?

M.D. : Pour le texte dans la vidéo *Aucun droit moins qu'un chien* (2018), par exemple, j'avais discuté avec des réfugiés. J'aime partir des gens, les amener à me parler de leur expérience. C'est une interlocutrice justement qui m'a dit : « On a moins de droits... moins qu'un chien. » Ce contact avec les gens est important pour moi, même si je ne reprends pas exactement ce qu'ils m'ont dit. Je préfère les textes courts, dont la signification n'est pas immédiate, où il faut chercher un peu.

M.P.: You produce some of your works round memory, what you call "living memory".

M.D.: The question of memory touches me: paying homage, in a way, without this being too obvious. The question of traces is a recurrent one, as in the lead plates (*Les mondes inversés* [Inverted Worlds], 2017), which include a trace of man. In each of those images there is a mark, that of a passage.

M.P.: The texts you write to go with your works, it is strange, you don't know exactly what they are talking about, and at the same time they tell a lot of things. How do you write them?

M.D.: For the text in the video *Aucun droit moins qu'un chien* [Not a single right less than a dog] (2018), for instance, I had talked with refugees. I like to start with people, to induce them to tell me about their experiences. One of my interlocutors, a lady, had precisely told me: "We have fewer rights... fewer than a dog." This contact with people is important for me, even if I don't use the same words that they uttered to me. I prefer short texts, where the meaning isn't immediate, where you have to do some thinking.

M.P. : Dans les installations, les spectateurs sont seuls parmi les gravats. Ils n'ont pas été témoins du moment de basculement, mais ils se remémorent ce désastre dont ils pressentent la cause. Une étrange contraction du temps, à l'heure où la profondeur historique et les perspectives à venir se fondent dans la prégnance de l'instant. De nos jours, les ruines ont cessé de parler du passé mais elles discourent sur le temps présent. Un changement s'opère dans les formes artistiques : « représenter les ruines aujourd'hui », explique Michel Makarius, « c'est mettre en scène la réalité elle-même.[6] »

Les photographies, sculptures ou vidéos de Maëlle Dufour ne révèlent jamais la figure humaine, elles lui préfèrent son empreinte ou sa chaleur. « Si la vie l'emporte, la trace reste » pourrait-on dire ; à condition qu'elle ne soit pas elle-même réduite à néant. À côté des déchets qui s'amoncellent, il y a ces fragments qui portent encore en eux la mémoire de ceux qui les ont côtoyés. L'artiste tient à évoquer les gestes qui préservent, ultime effort de mémoire : cette unique page sauvée de l'incendie volontaire d'une bibliothèque pendant la Grande Guerre, ces objets de migrants morts en mer conservés précieusement par un pêcheur soucieux de leur rendre hommage, ou cet autre homme qui rend leur dignité aux défunts en leur offrant une sépulture correcte. Dans l'ère du « trop-plein » – trop-plein d'événements, de choses, de déchets, d'informations – dans ce monde qui semble arriver à saturation, la sauvegarde peut paraître paradoxale et pourtant, elle est bien essentielle. Une manière d'empêcher « la seconde mort de celui qui est déjà mort[7] », un impératif inscrit dans le travail de l'artiste qui s'efforce de garder ardent le souvenir du déchu.

Ce qui reste, ce qui restera, ce qui doit rester.

M.P.: In installations, the spectators are alone amongst the rubble. They were not witnesses at the tipping point, but they remember the disaster, and they sense its cause. A strange contraction of time, at the moment when historical depth and perspectives to come merge in the significance of the instant. Nowadays ruins no longer talk about the past, but they discourse about the present time. A change operates in artistic forms, "to represent ruins today", explains Michel Makarius, "is to stage reality itself."[6]

The photographs, sculptures or videos of Maëlle Dufour never reveal the human face itself, they prefer its imprint or its warmth. We could say: "If life takes them away, the trace remains", provided it is not itself reduced to nothing. Apart from the accumulating waste, there are those fragments which carry about them the memory of those who rubbed shoulders with them. The artist is keen to bring to mind the gestures that preserve, as the ultimate effort of memory: this solitary page saved from the arson attack on a library during World War I, those objects belonging to migrants who died at sea, kept preciously by a fisherman who wished to pay homage to them, or that other man who gives their dignity back to the deceased by giving them a proper burial. In the era of excess, of "too much" – excess of events, of things, of waste, of information – in this world which seems to reach saturation, safeguarding may seem paradoxical, and yet it is truly essential. A way of preventing "the second death of what is already dead",[7] an imperative engraved in the work of an artist who endeavours to keep a blazing memory of the fallen.

What remains, what will remain, what must remain.

« Alors que tout conspire à nous faire croire que l'histoire est finie et que le monde est un spectacle où cette fin se met en scène, il nous faut retrouver le temps pour croire à l'histoire. »

— Marc Augé, *Le temps en ruines*

"Whereas all conspires to make us believe that history is finished and that the world is the show in which the end is being staged, we have to find again the time to believe in history."

— Marc Augé, *Le temps en ruines*

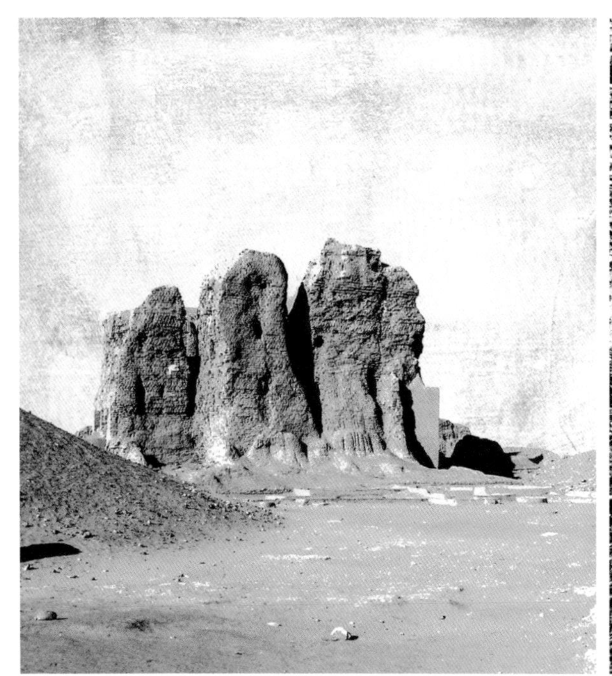

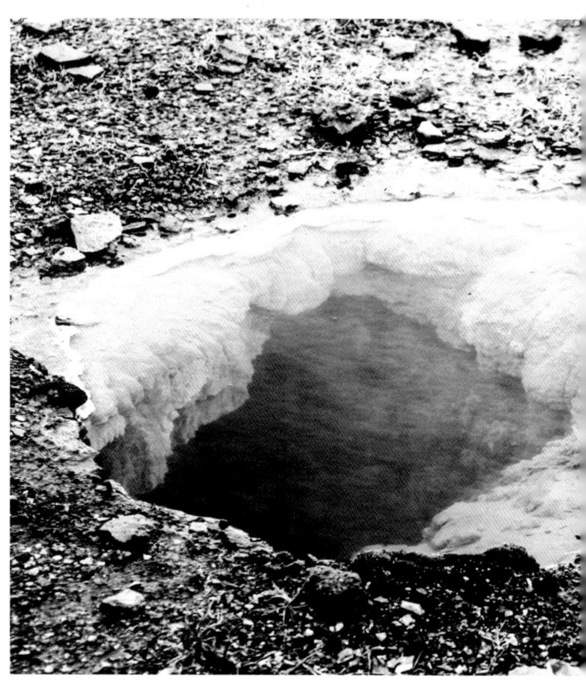

Ton corps était encore tout chaud
et ton battement avait le son
d'un carnage terminé.

La chaleur ne viendra pas.

L'arbre droit a puisé dans le venin,
tirant avec patience l'enfant de 75 ans.

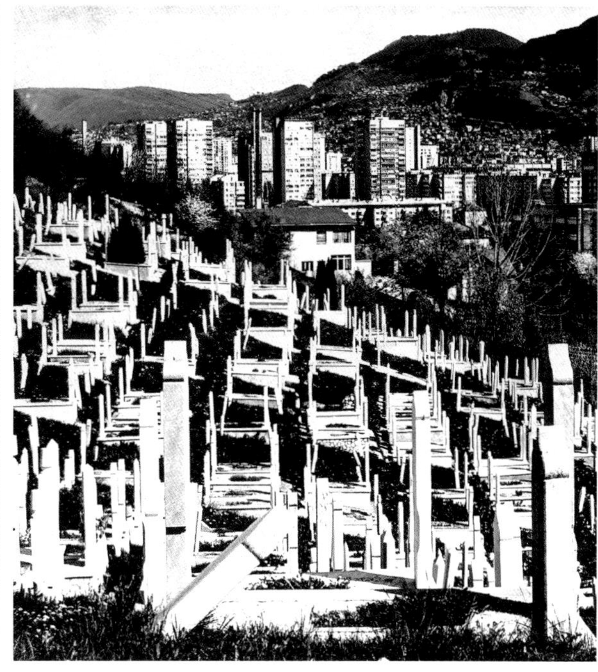

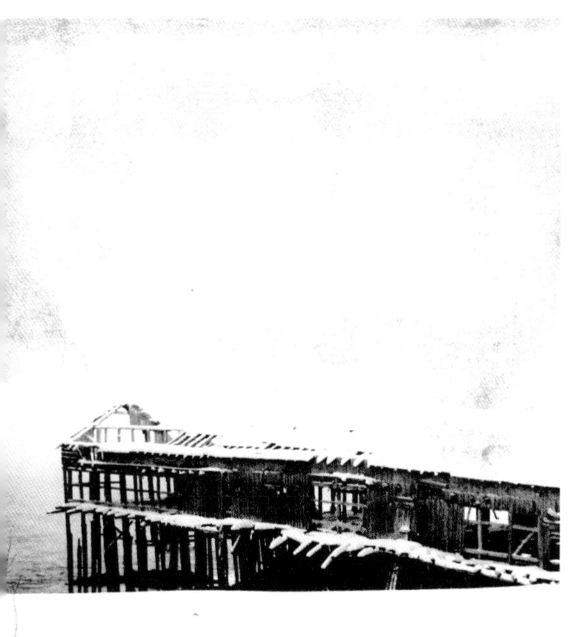

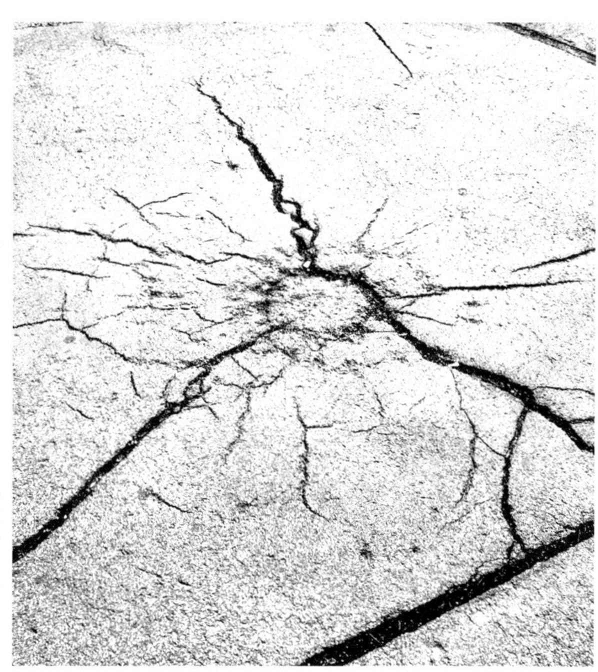

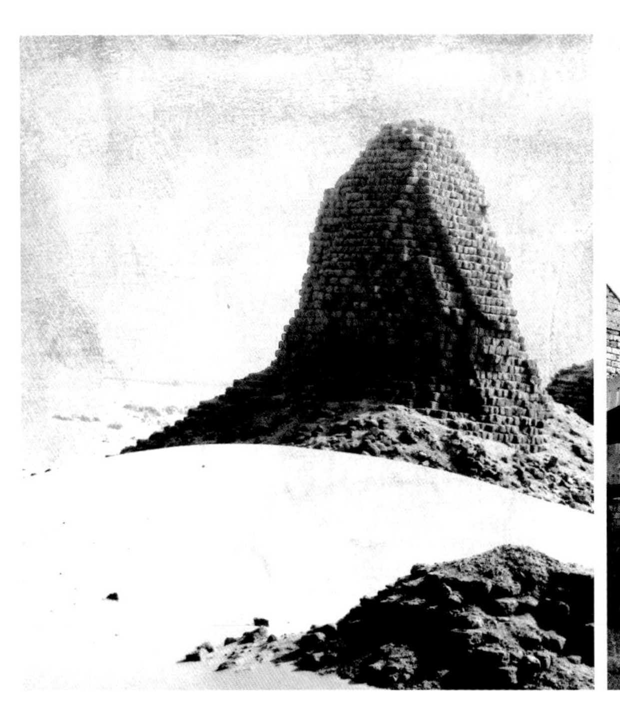
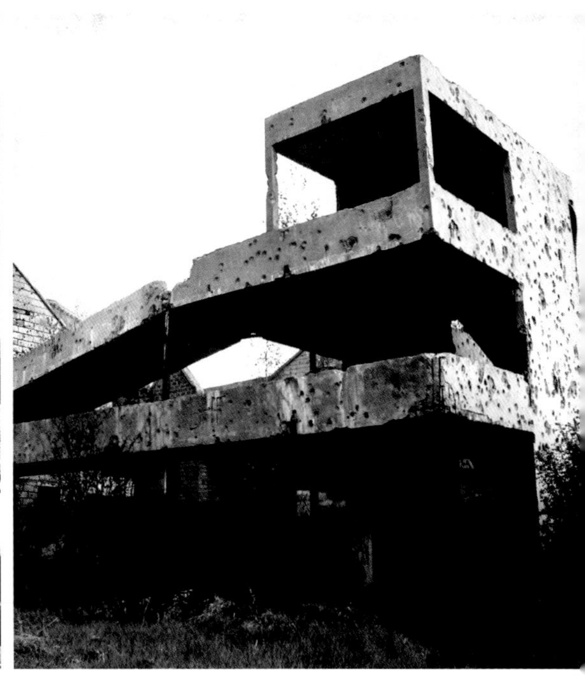
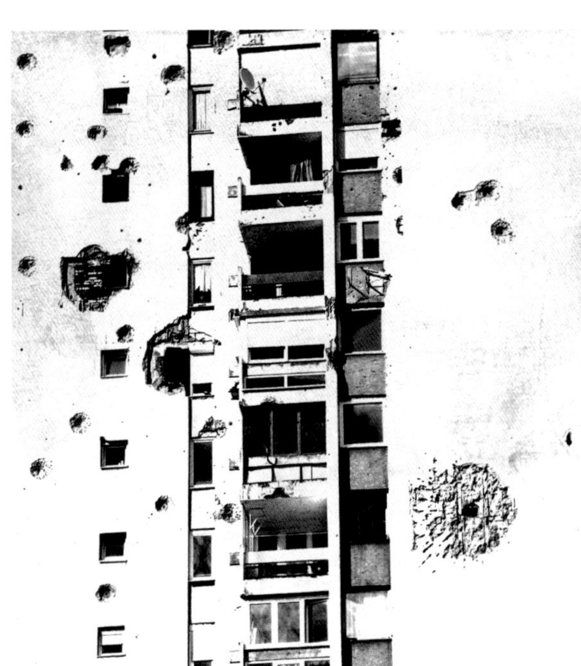
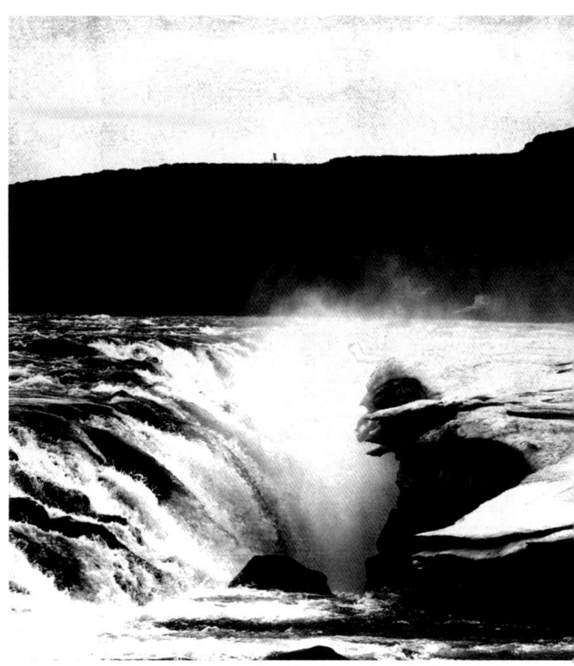

Croquant dans la masse,
elle s'est ouverte comme une fleur,
laissant couler son enfant.

Le froid a pris le corps de mon amie,
la voilà armée de deux protubérances,

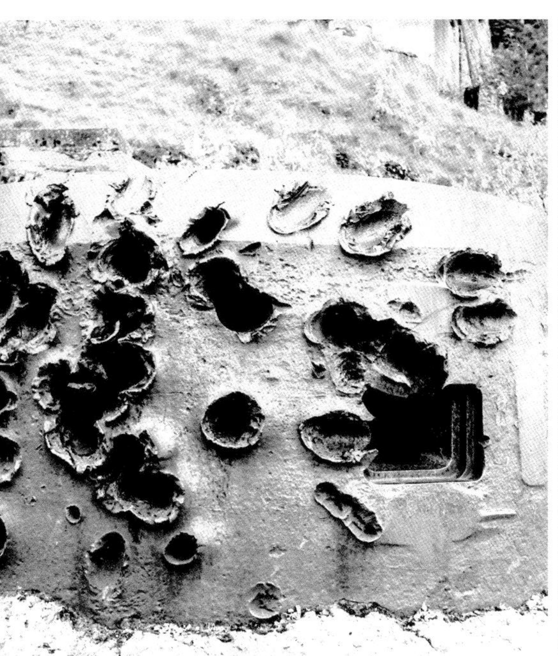

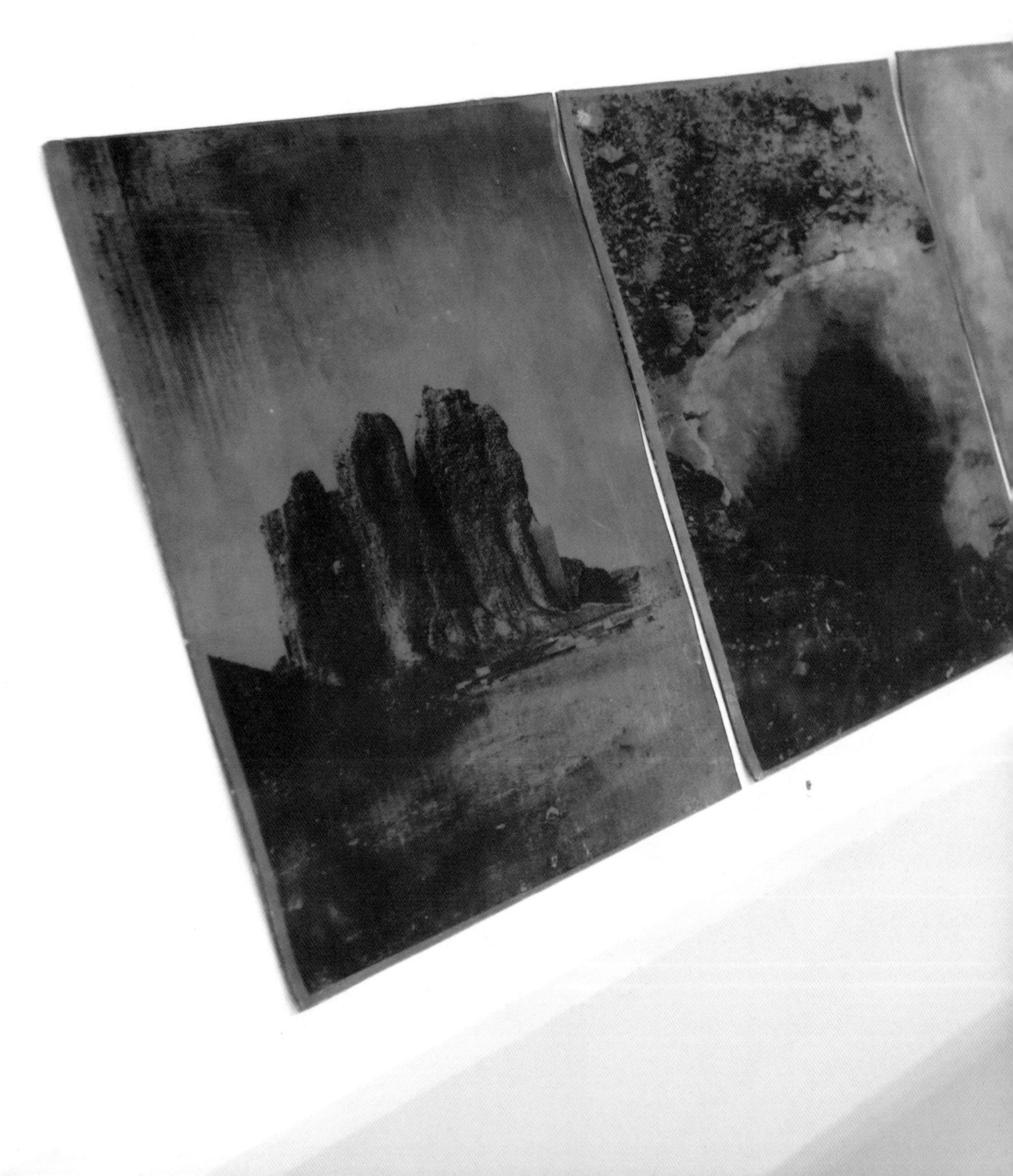

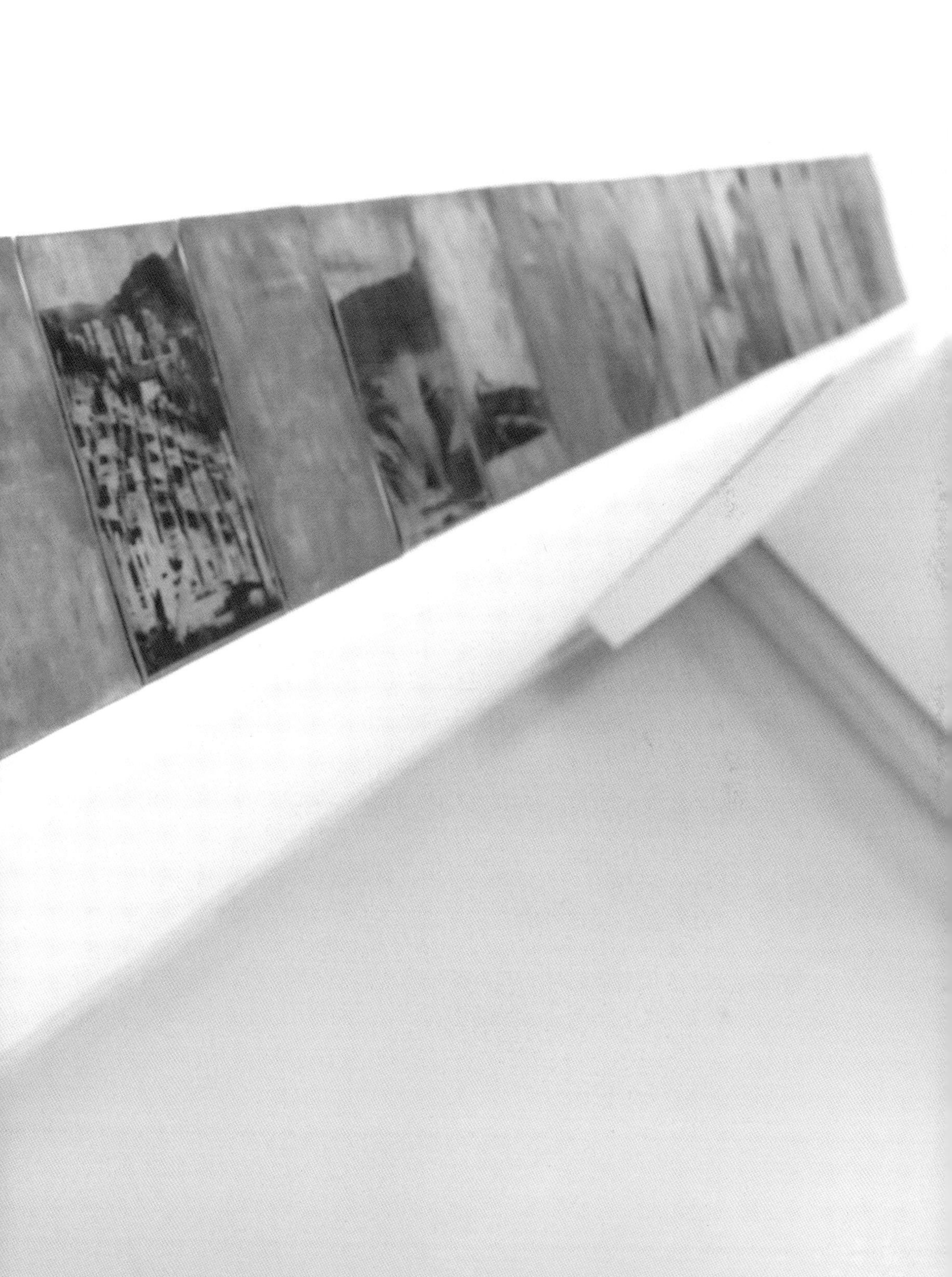

LES MONDES INVERSÉS
2017

Plaques de plomb sérigraphiées ou encrées, encre bleu foncé, 26 x 23 x 0,5 cm, Lauréate du Prix de la Commission des Arts de Wallonie, Abattoirs de Bomel, Namur © Ithier Held.

Images et textes se côtoient à la surface de seize plaques de plomb, lourdes mais souples. Elles recueillent les traces d'événements anonymes qui ont meurtri corps et lieux. Entre apparition et disparition, elles sont l'empreinte d'un vécu, que le temps, inéluctablement, polit.

Silkscreen-printed or inked lead plates, dark blue ink, 26 x 23 x 10 cm, Laureate for the Prize of the Arts Commission for Wallonia, Abattoirs de Bomel, Namur (BE) © Ithier Held.

Texts and images are interwoven on the surface of sixteen heavy but flexible lead plates. They collect the traces of anonymous events which have bruised bodies and places. Between appearance and disappearance, they are the imprints of a lived experience which time unavoidably rubs down.

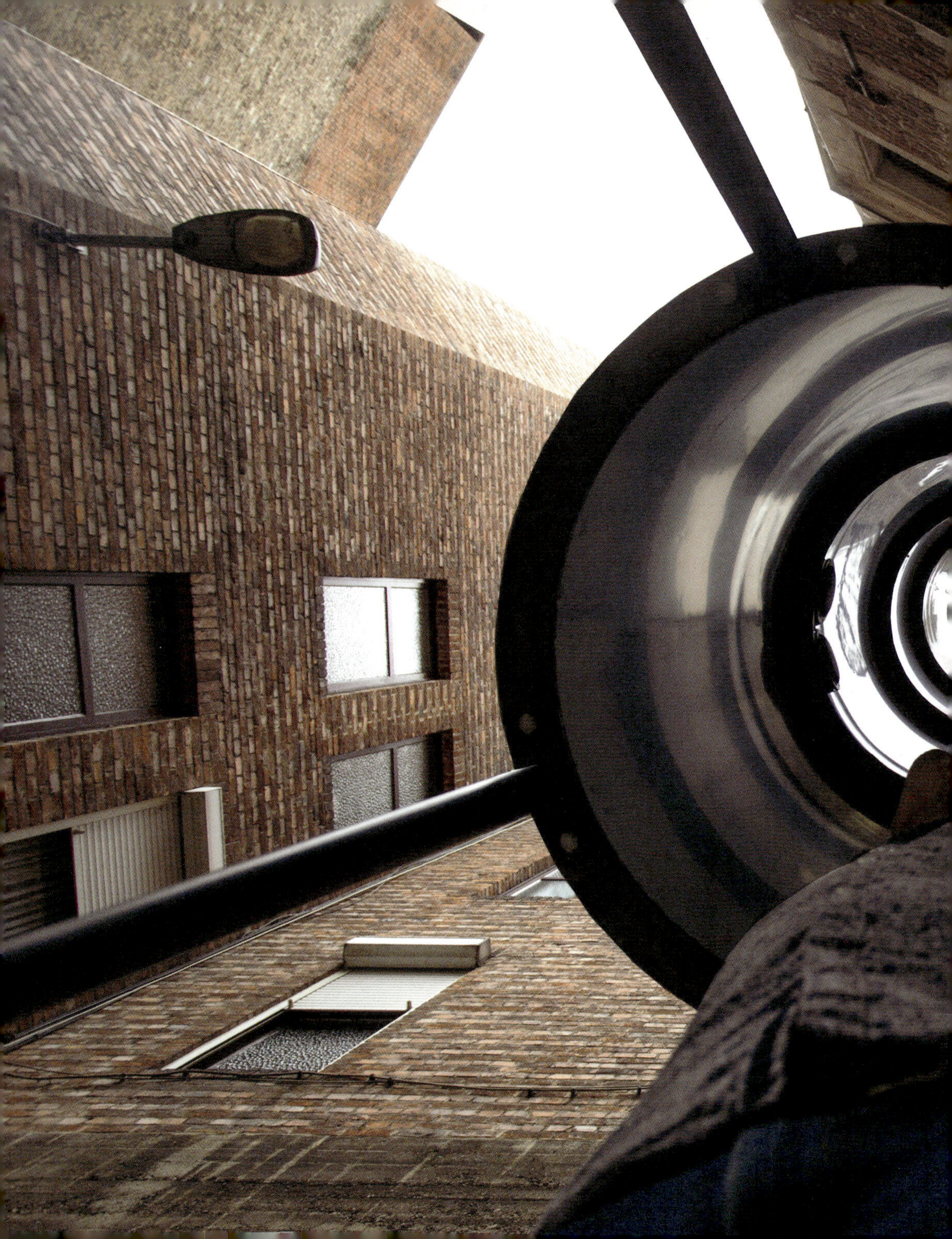

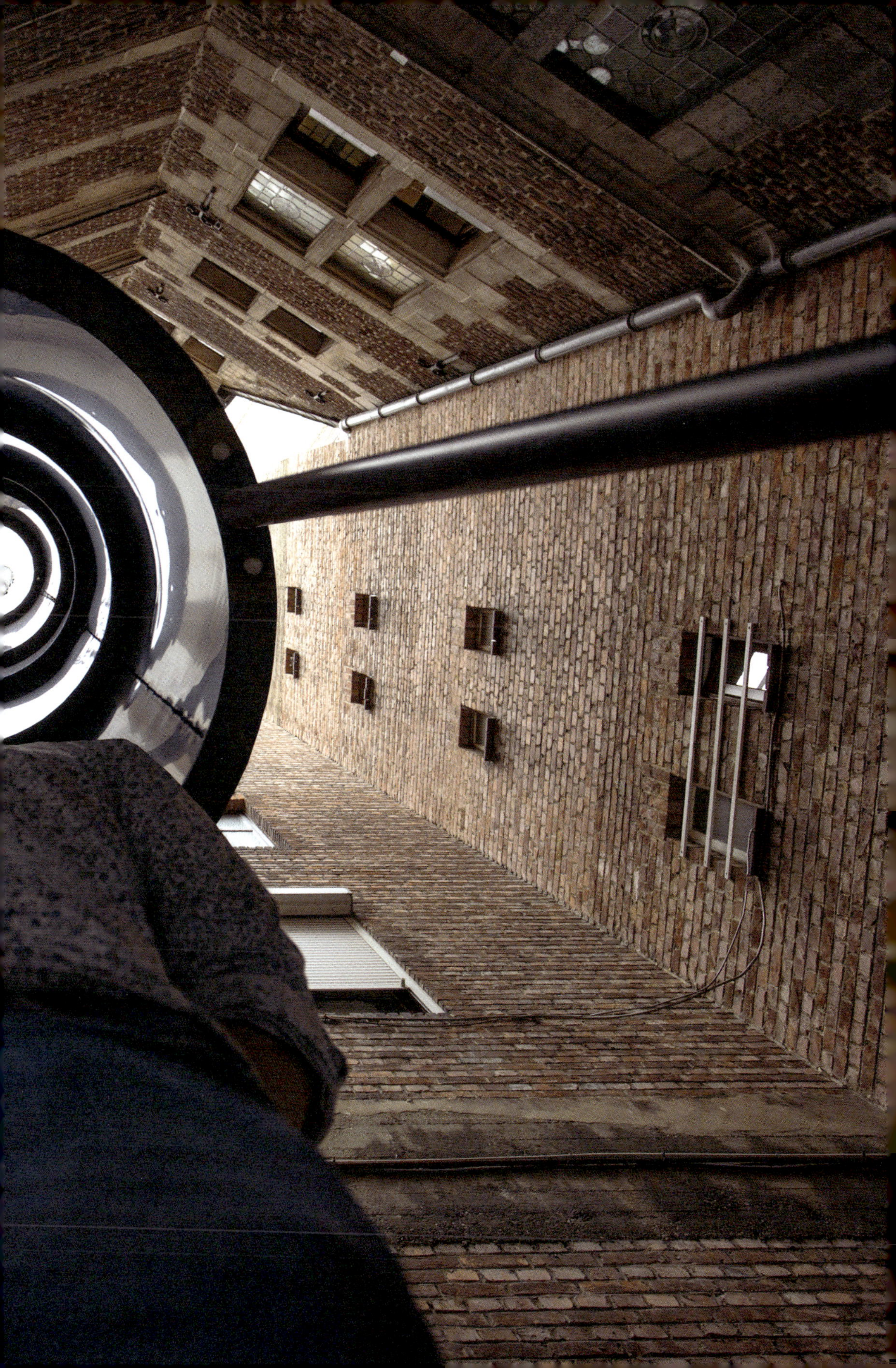

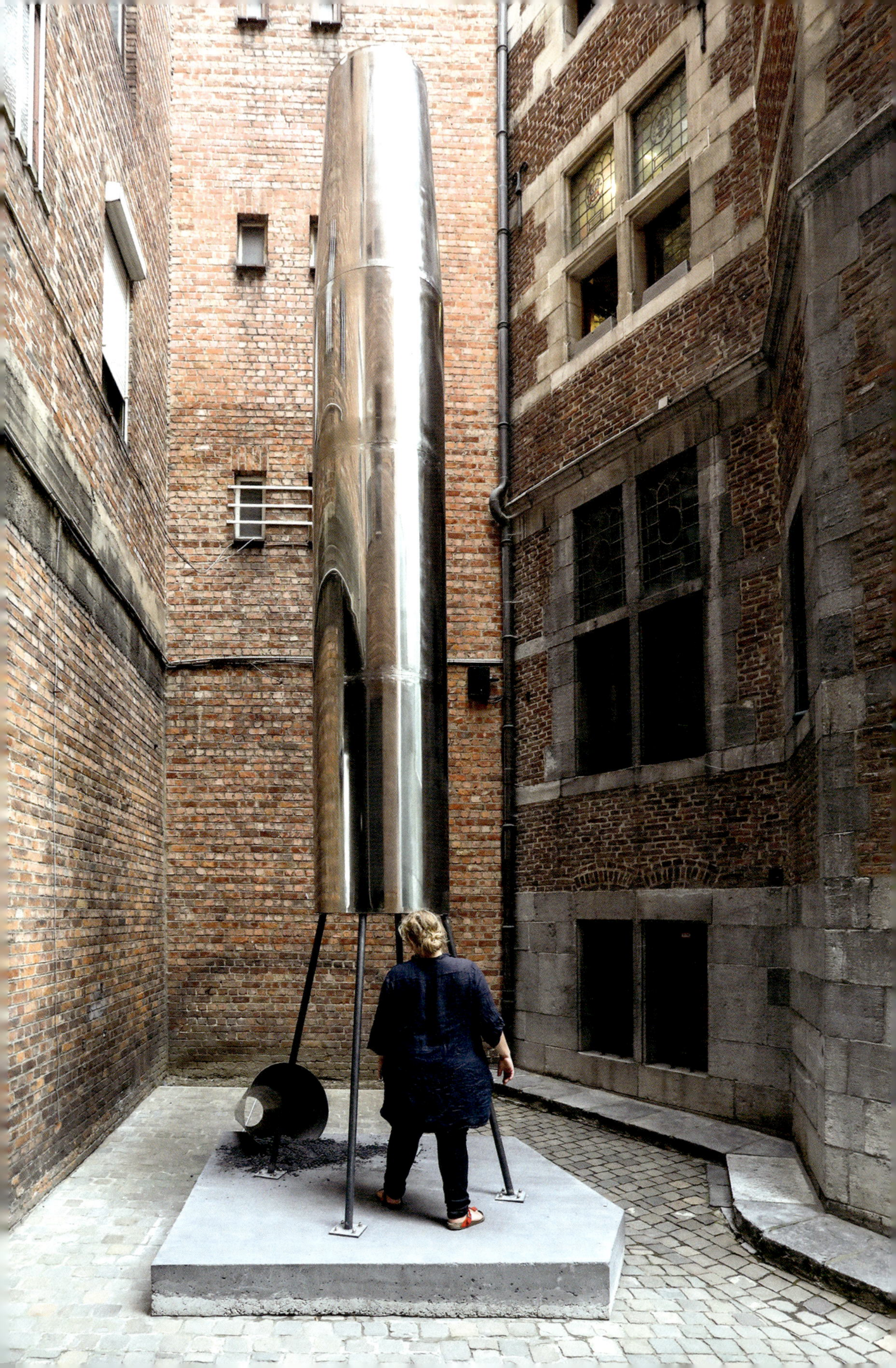

OUTRE-TOMBE
2020

Installation, inox poli, acier, béton avec pigments noirs, 650 x 75 x 75 cm. Six photographies en négatif, impression sur dibond, 120 x 60 cm et installation sonore. Triennale Art Public Liège, Cour de la Société Libre d'Émulation, Liège (BE), Ingénieurs et Architectes – Delvaux : Mateo Herinckx, © Ithier Held.

Outre-tombe enclenche une réflexion sur le progrès. L'artiste y explore les traces de décadence des sociétés d'hier et d'aujourd'hui, et simultanément les prémices d'espoir qui renaissent de leurs cendres. L'installation évoque aussi bien les engins spatiaux capables de repousser les limites de notre monde, que les missiles militaires qui pourraient le réduire à néant; le progrès est à double tranchant. Elle rend également hommage aux éveilleurs de conscience qui, par leurs gestes de sauvegarde, donnent sens et dignité à l'existence humaine.

Installation, polished stainless steel, steel, concrete with black pigments, 650 x 75 x 75 cm. Six negative photographs, dibond impression, 120 x 60 cm and sound installation, Public Art Triennale Liège, Courtyard of the Société Libre d'Émulation, Liège (BE), Engineers and Architects – Delvaux: Mateo Heirickx, © Ithier Held.

Beyond the Grave engages a process of thinking about progress. In it the artist explores the traces of the decadence of the societies of yesterday and today, and simultaneously the first signs of hope rising from their ashes. The installation also brings to mind both the spacecrafts that can push back the borders of our world, and the military missiles that could reduce it to nought: progress is a double-edged sword. It also pays homage to the consciousness raisers who through their safeguarding gestures lend meaning and dignity to human existence.

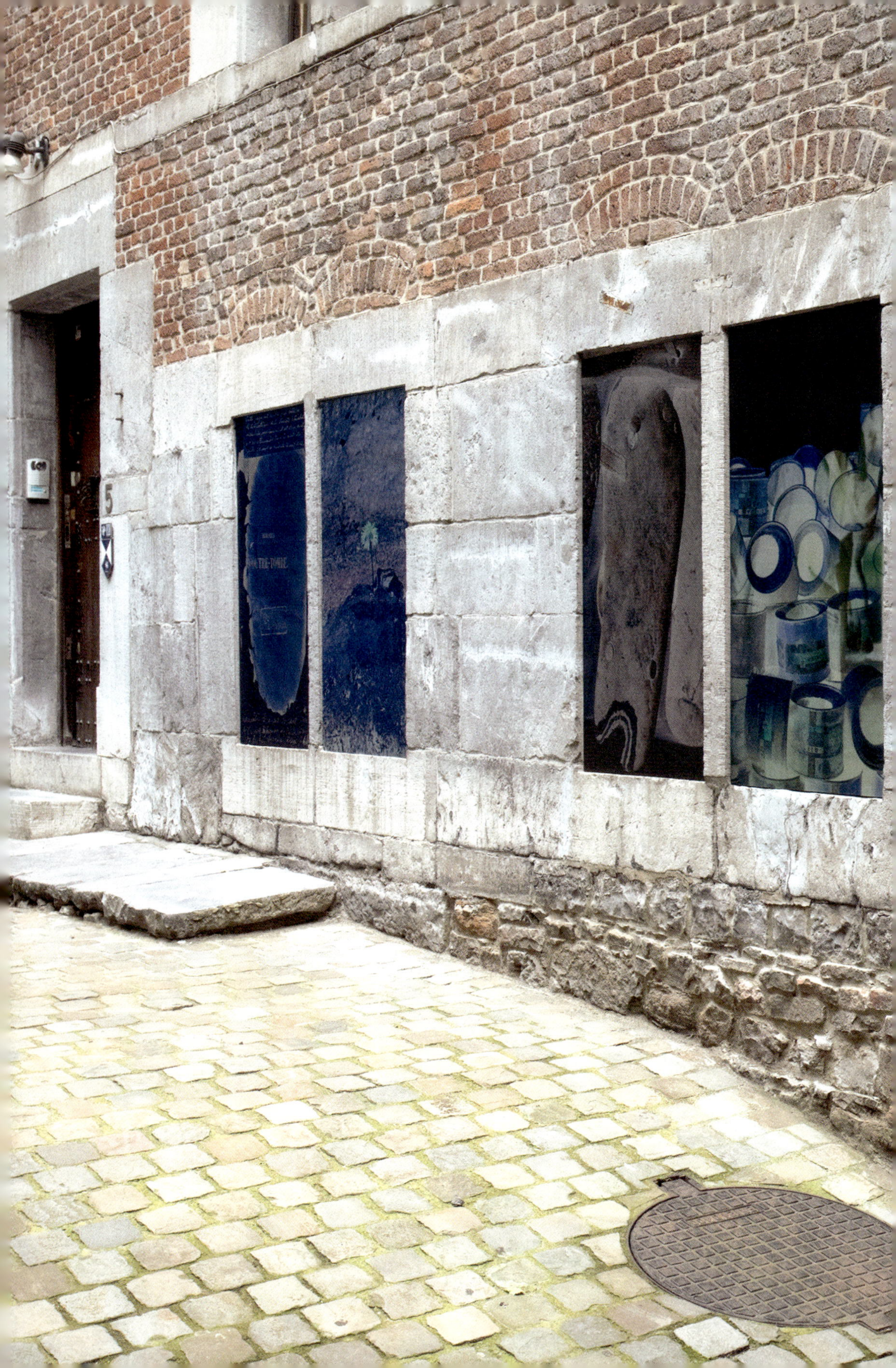
5

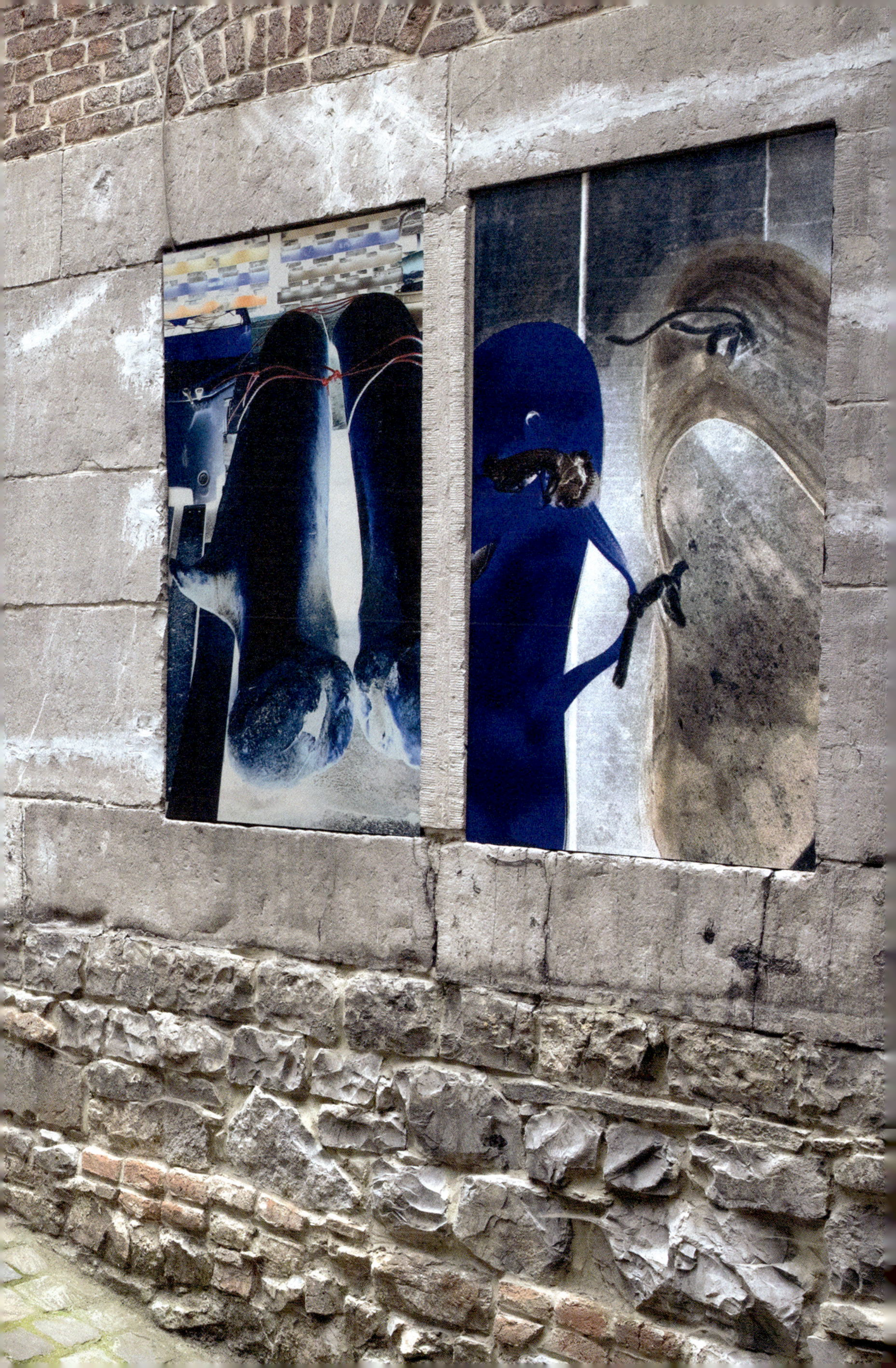

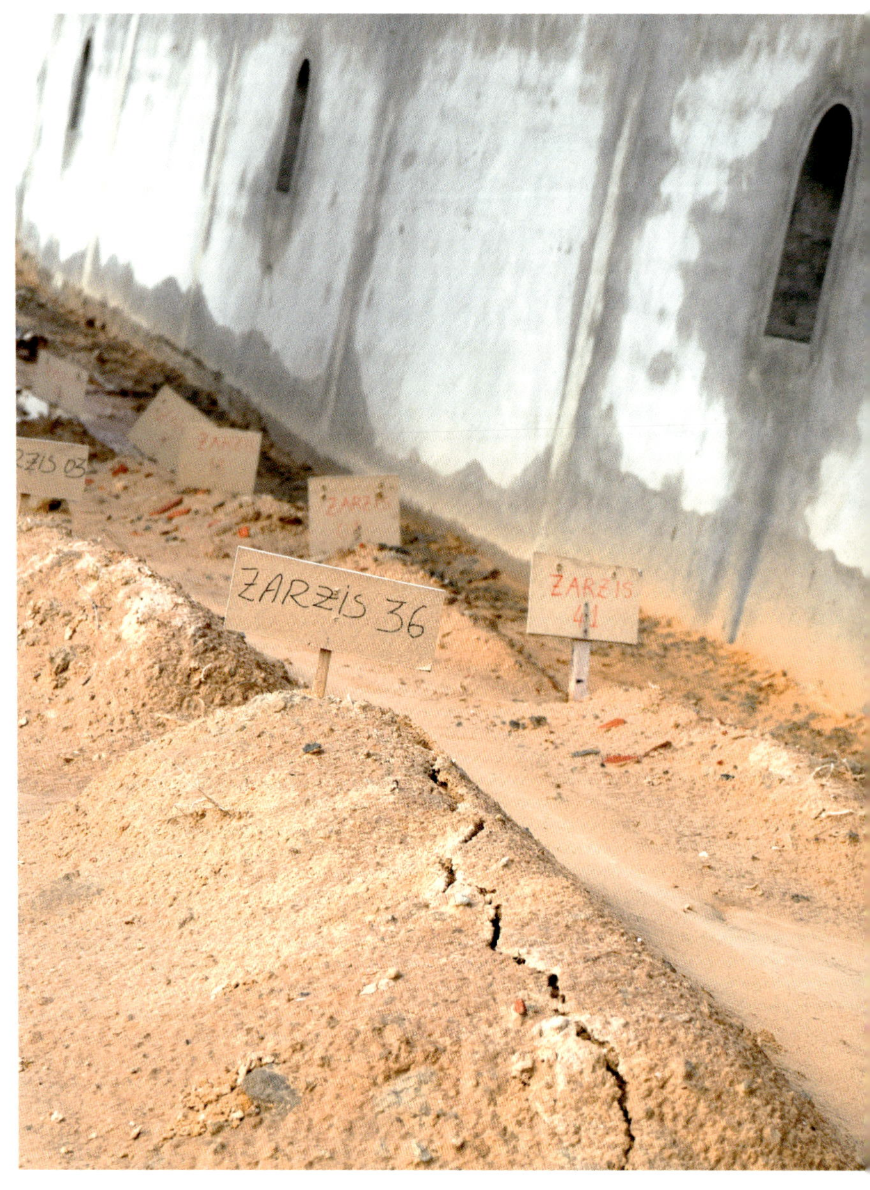
ZARZIS 36
ZARZIS 41

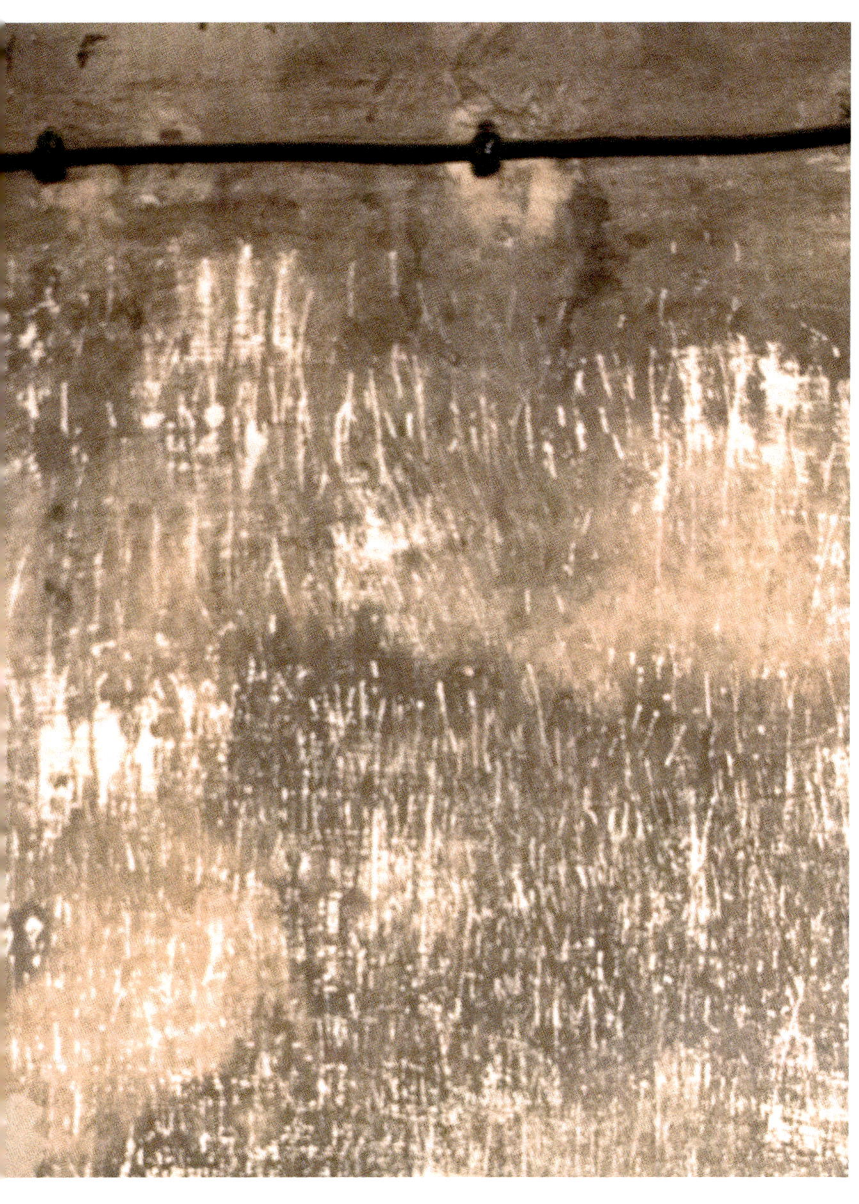

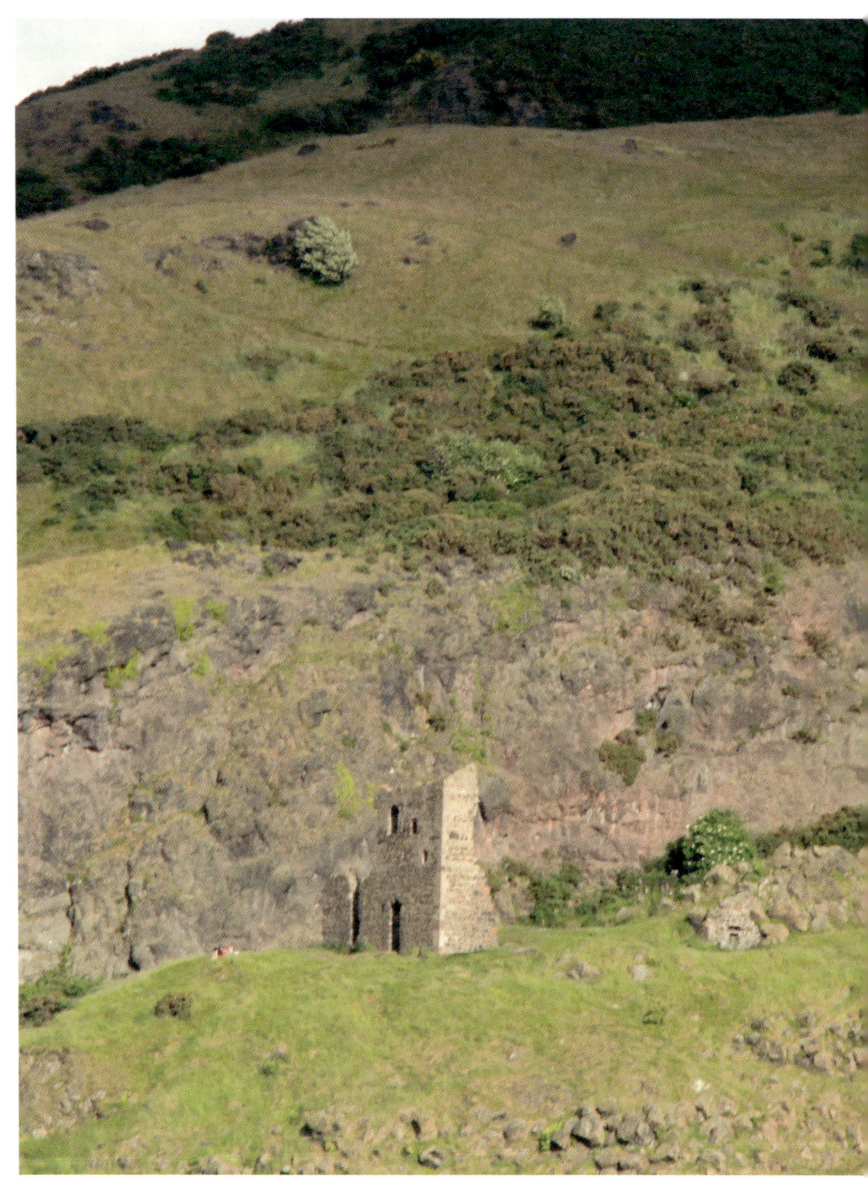

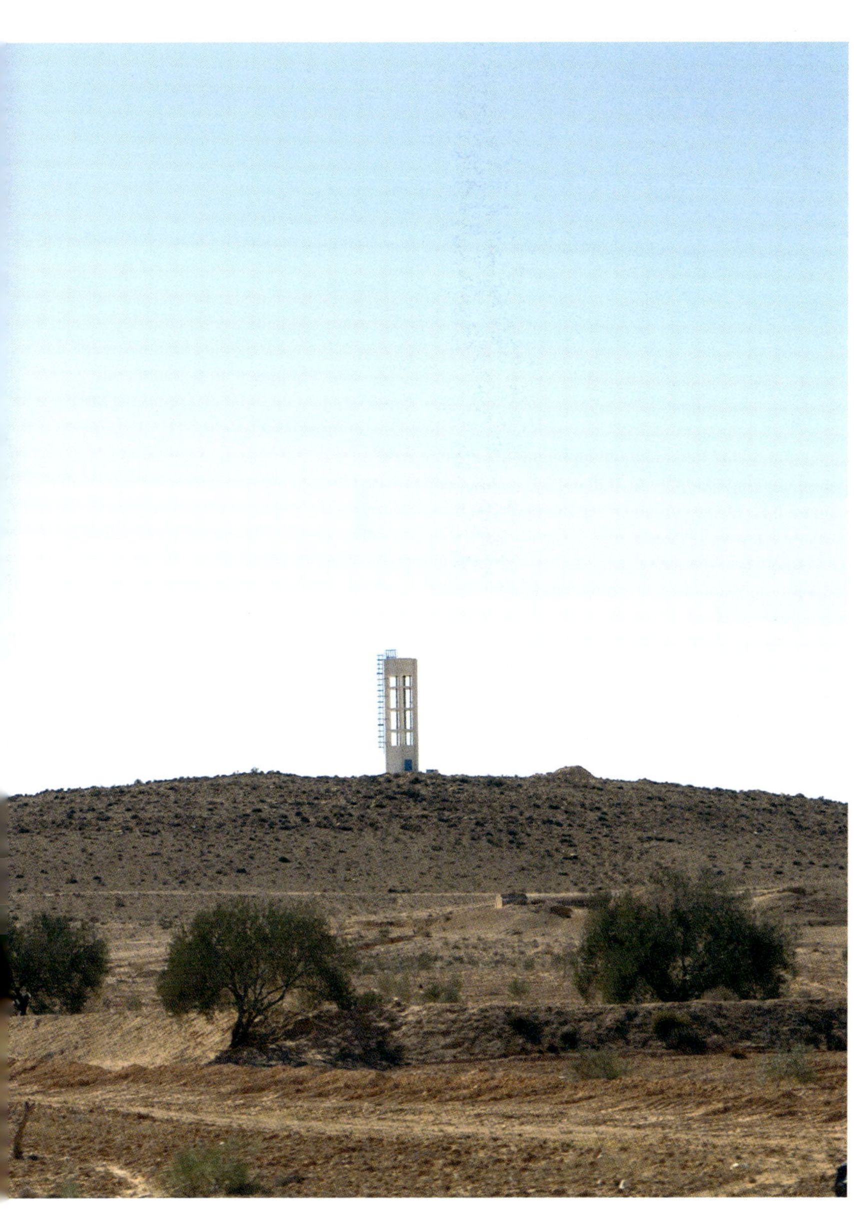

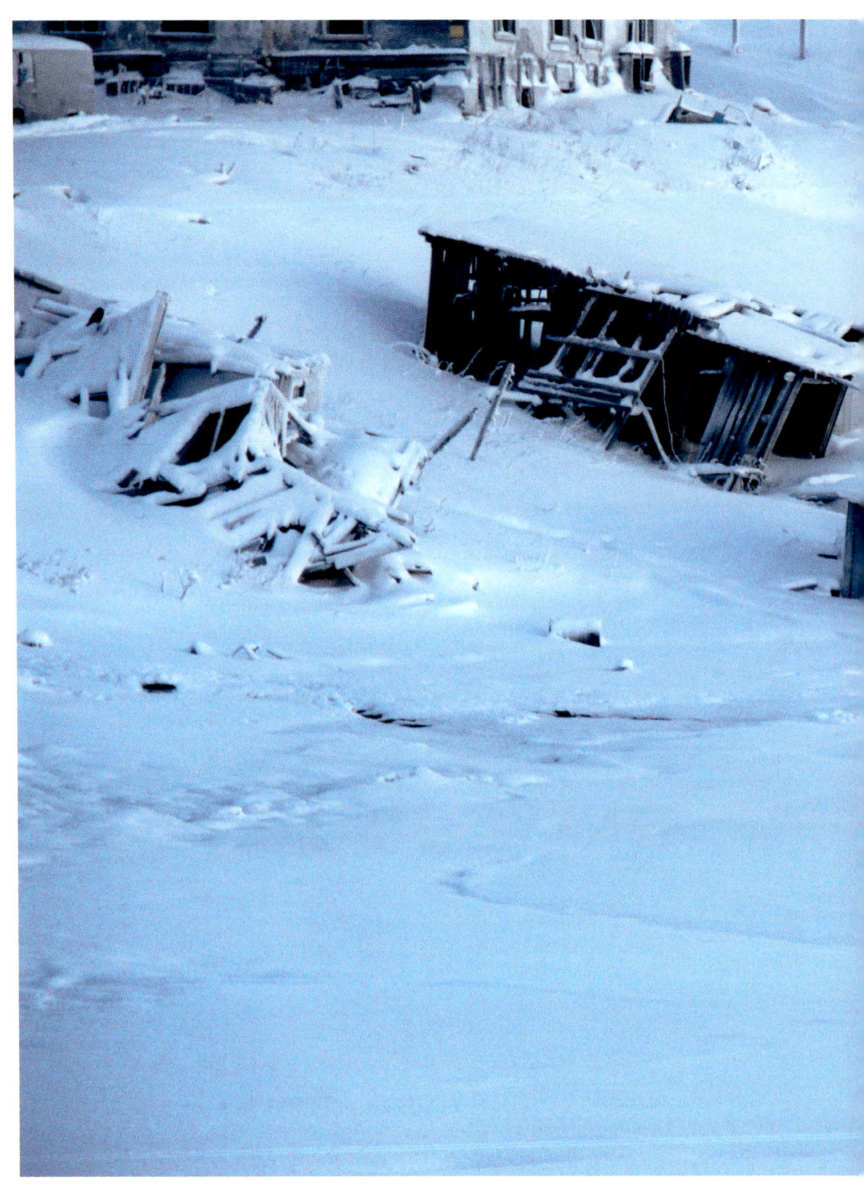

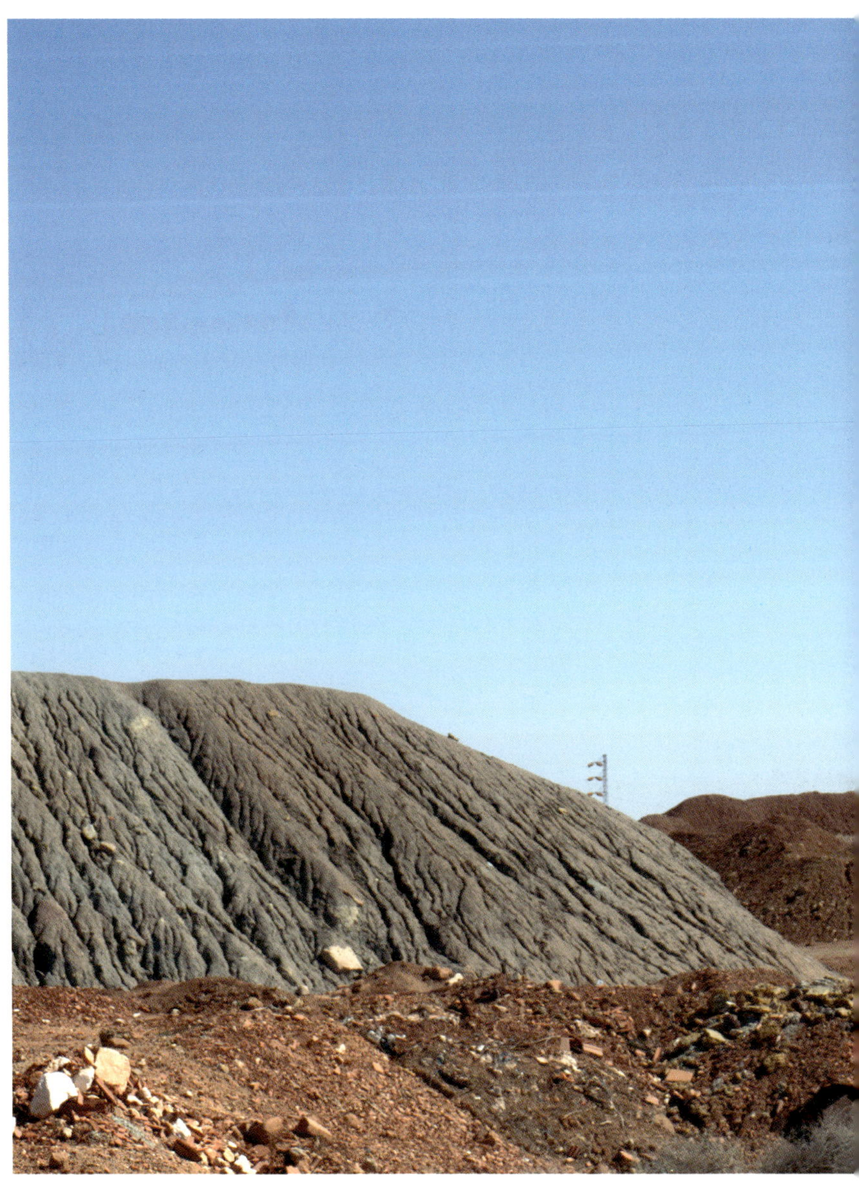

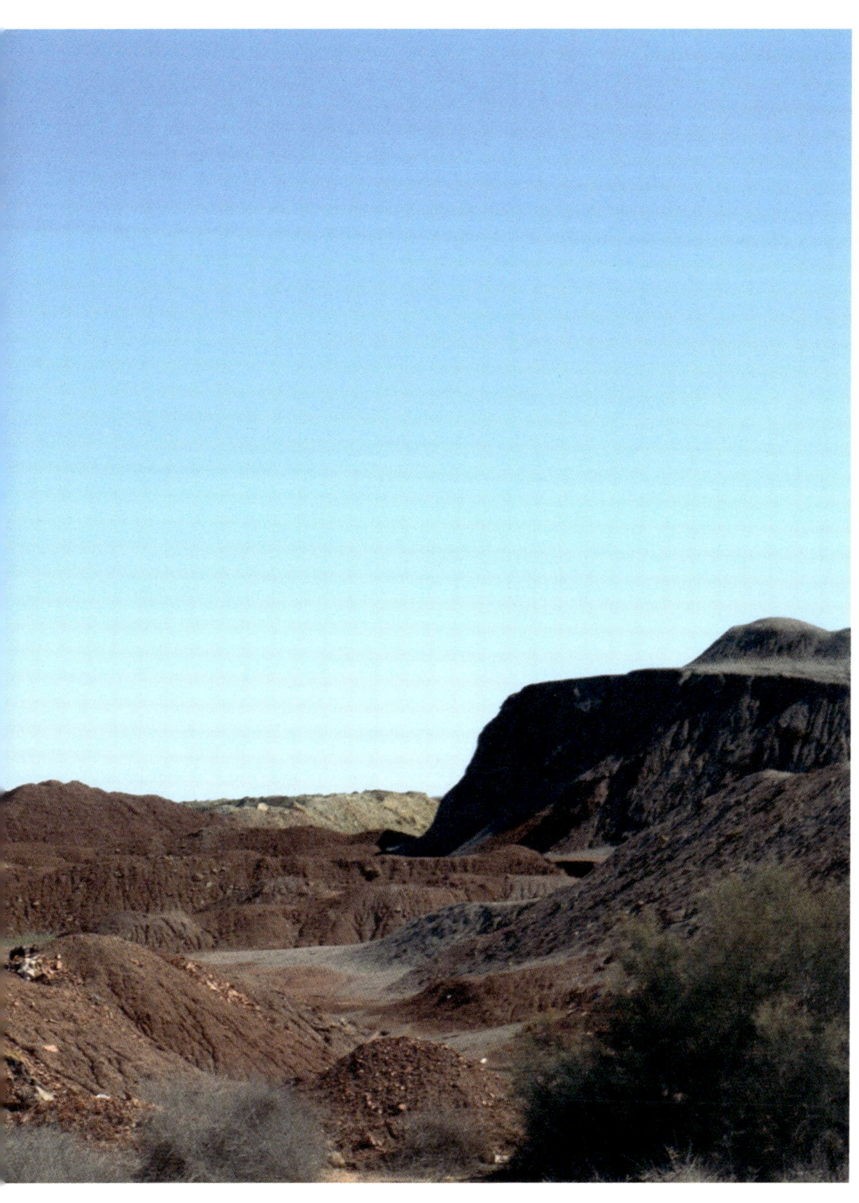

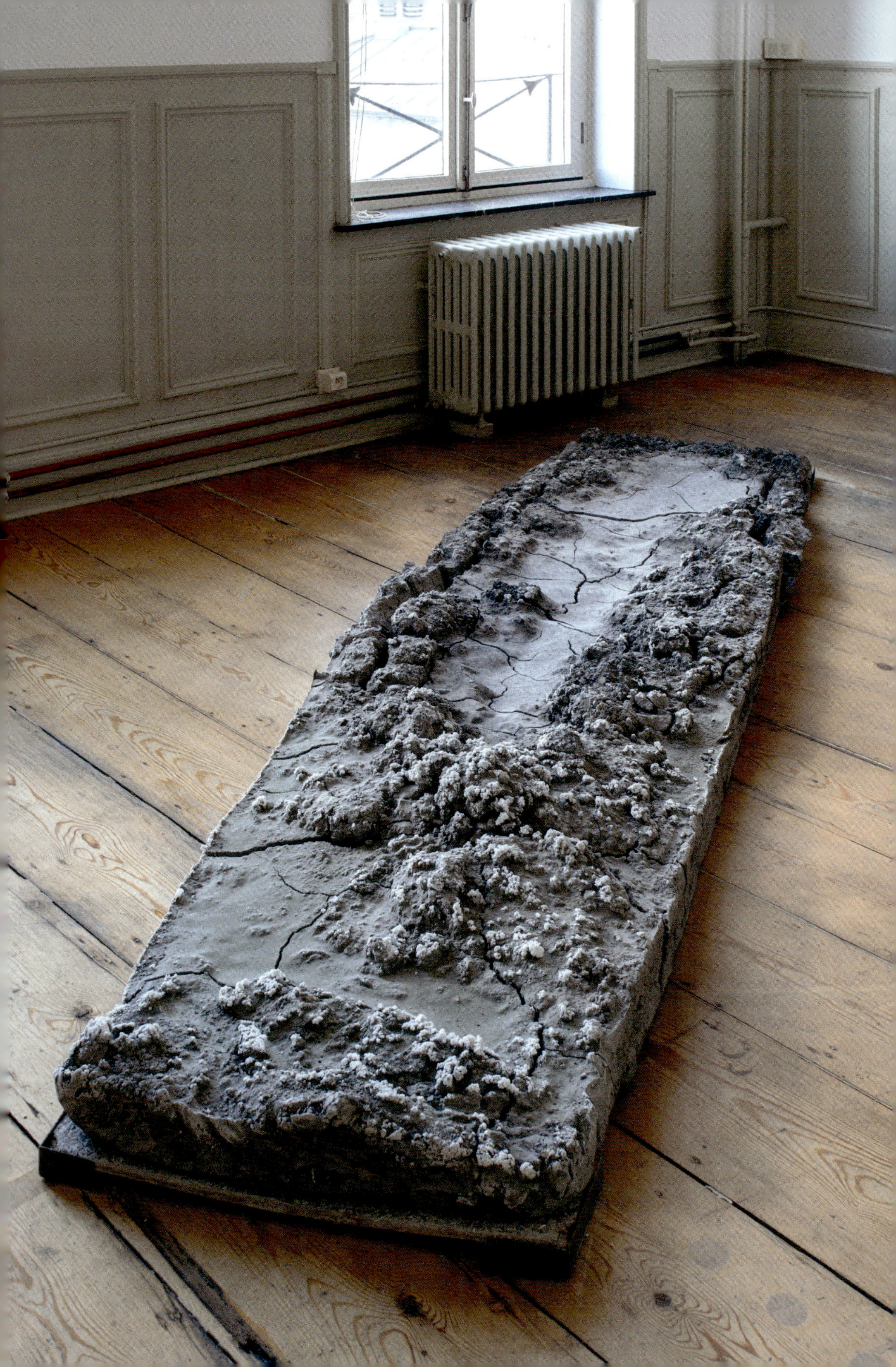

ELLE BAT AU SOUFFLE DE LA TERRE
2016-2017

Boue de pierre bleue, bois contreplaqué et acier, 300 x 90 x 20 cm, Soli Sol Soli, *La Maison des Arts de Schaerbeek, Bruxelles © Isabelle Arthuis.*

Blue stone mud, plywood and steel, 300 x 90 x 20 cm, Soli Sol Soli, *La Maison des Arts, Schaerbeek, Brussels © Isabelle Arthuis.*

Ces sculptures sont constituées de rebuts organiques et industriels. L'effet de l'acide sur la boue de pierre bleue façonne des tronçons de paysages volcaniques lunaires, à l'origine ou à la fin des temps, après un cataclysme.

These sculptures are made out of organic and industrial waste. The effect of acid on blue stone mud fashions sections of moon-like volcanic landscapes, at the beginning or the end of time, after a cataclysm.

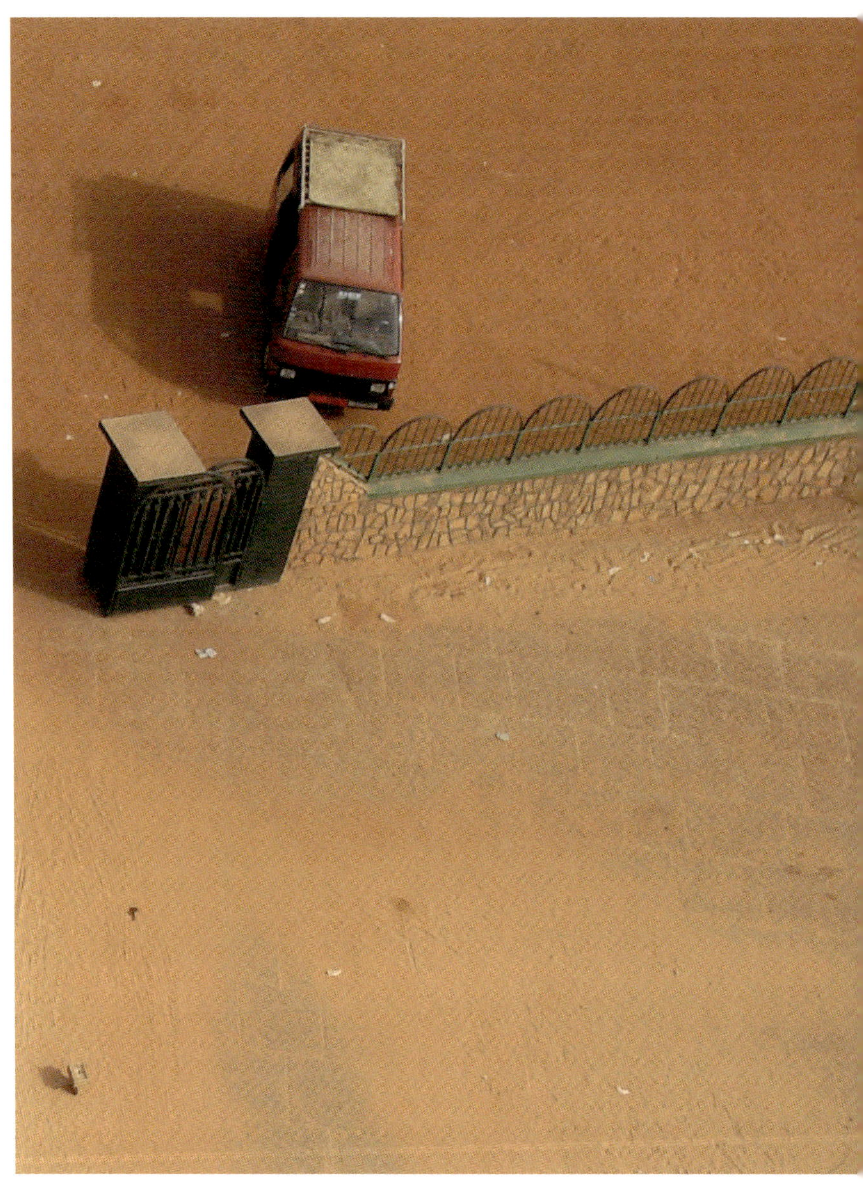

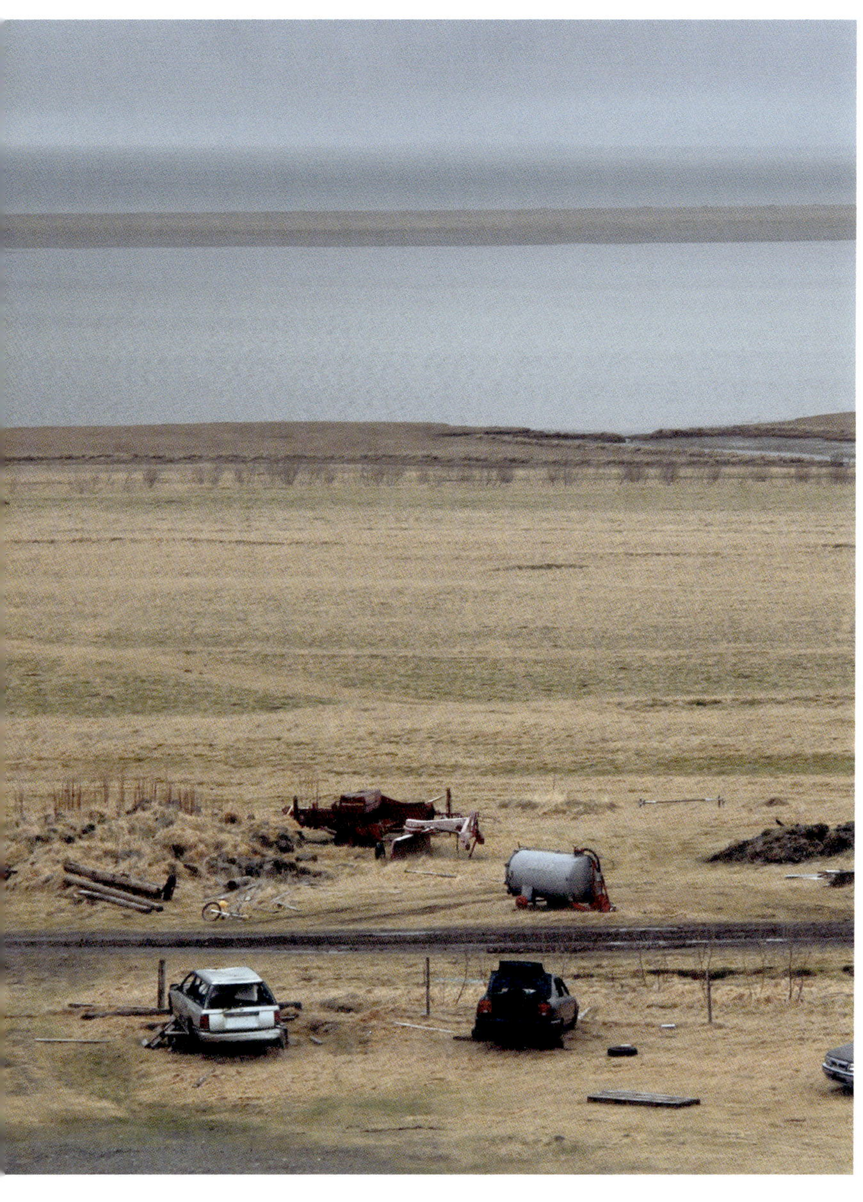

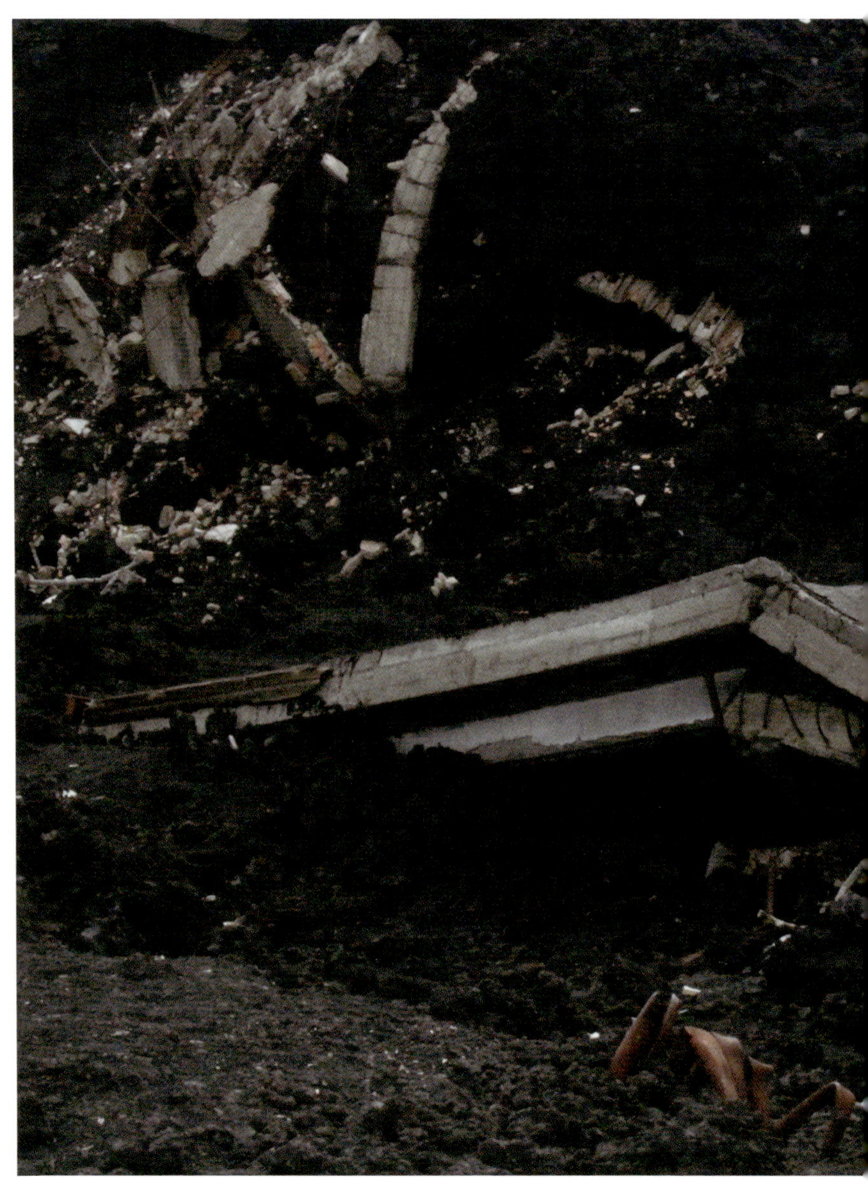

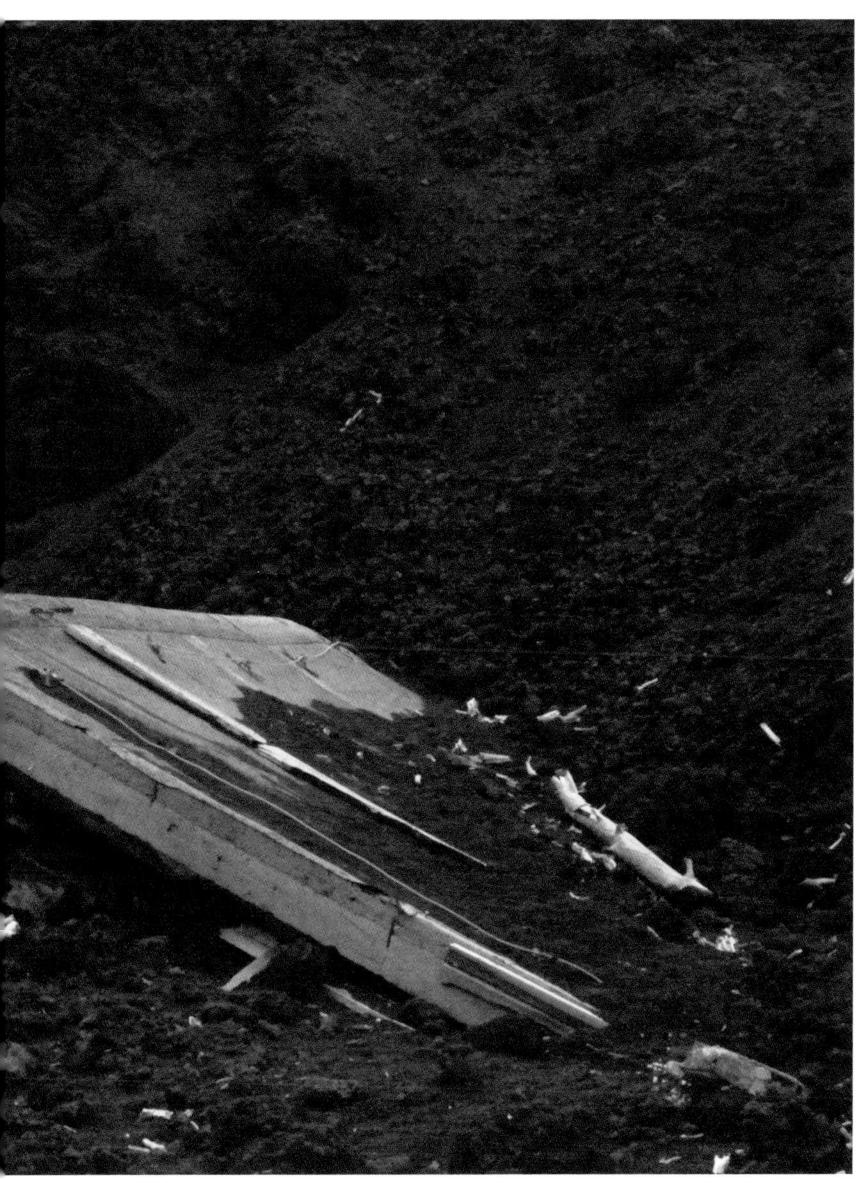

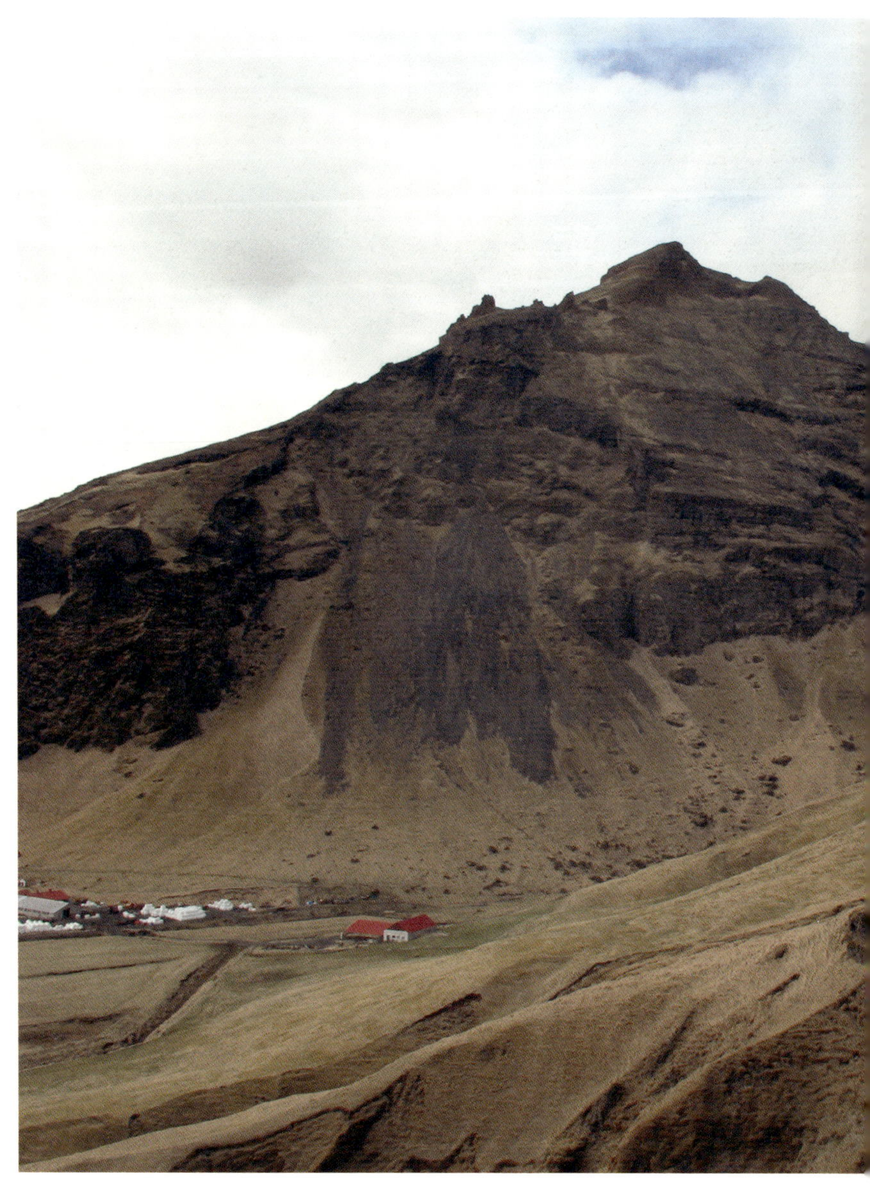

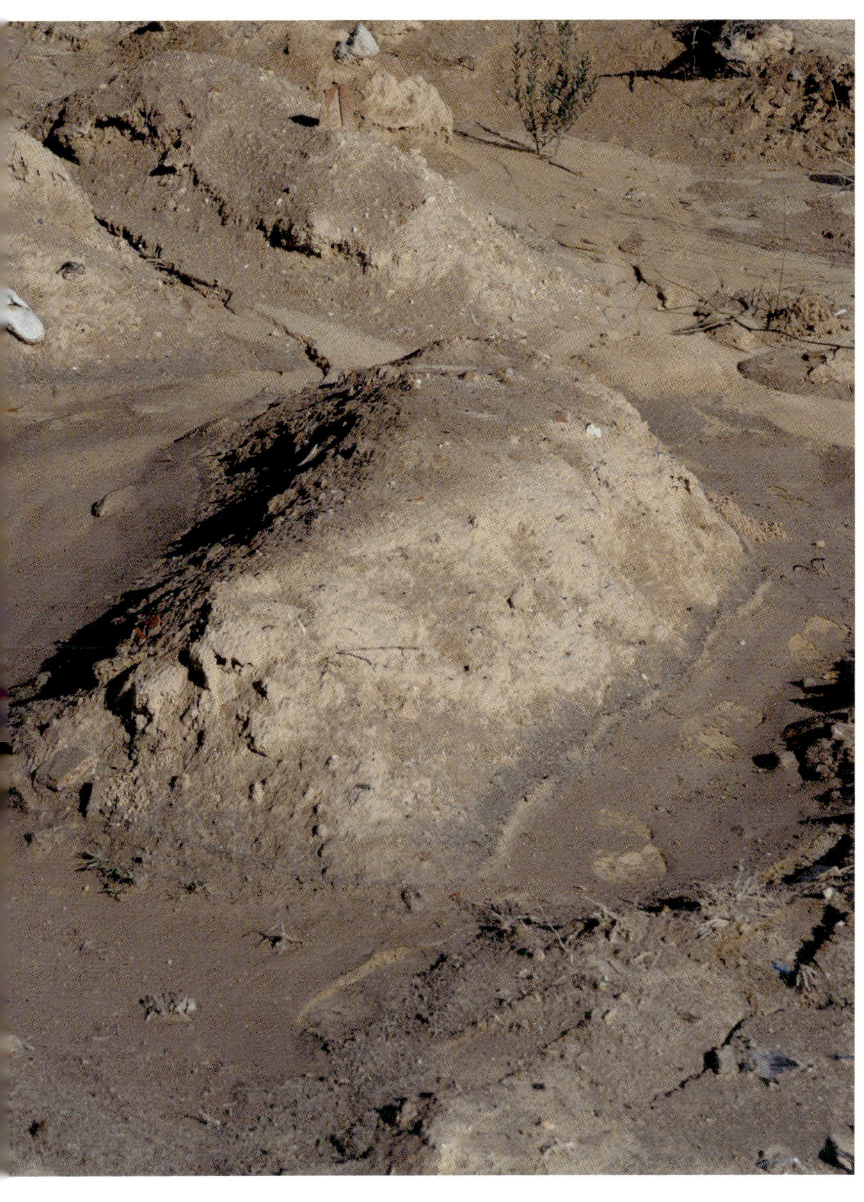

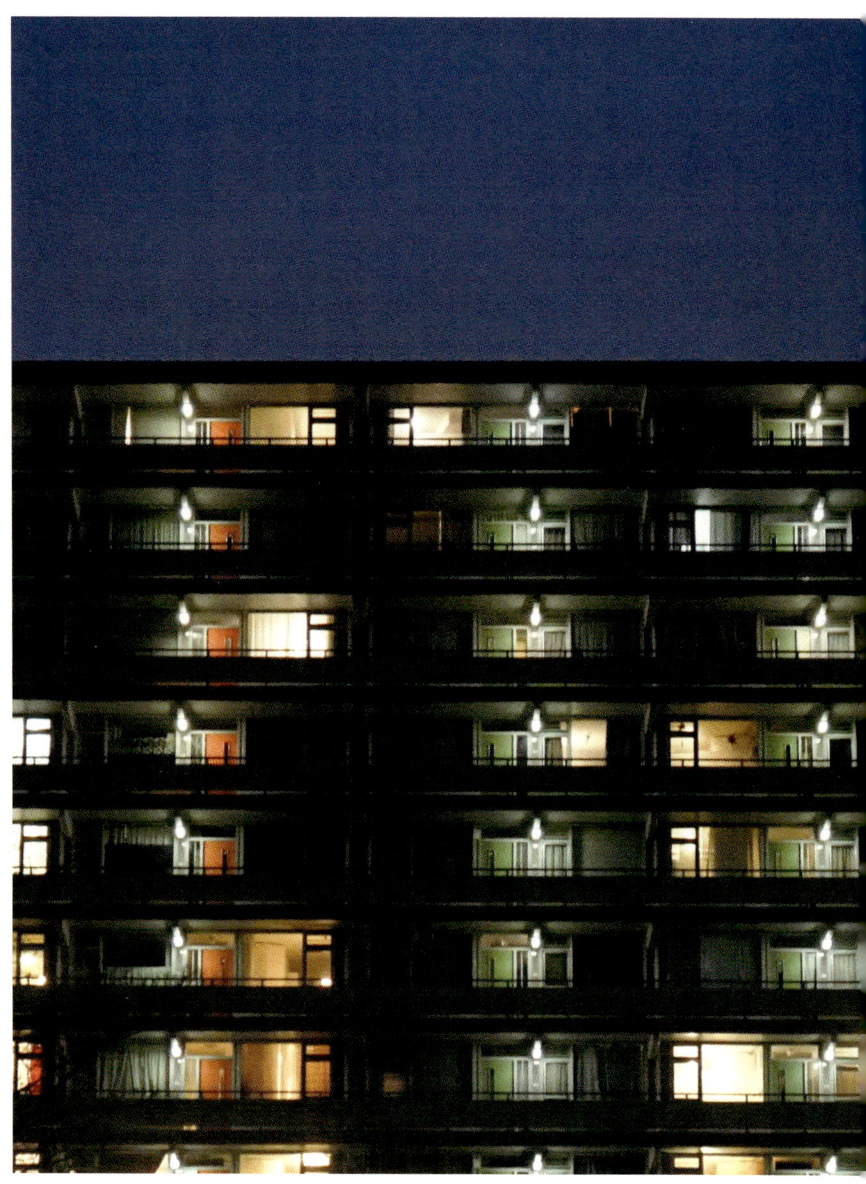

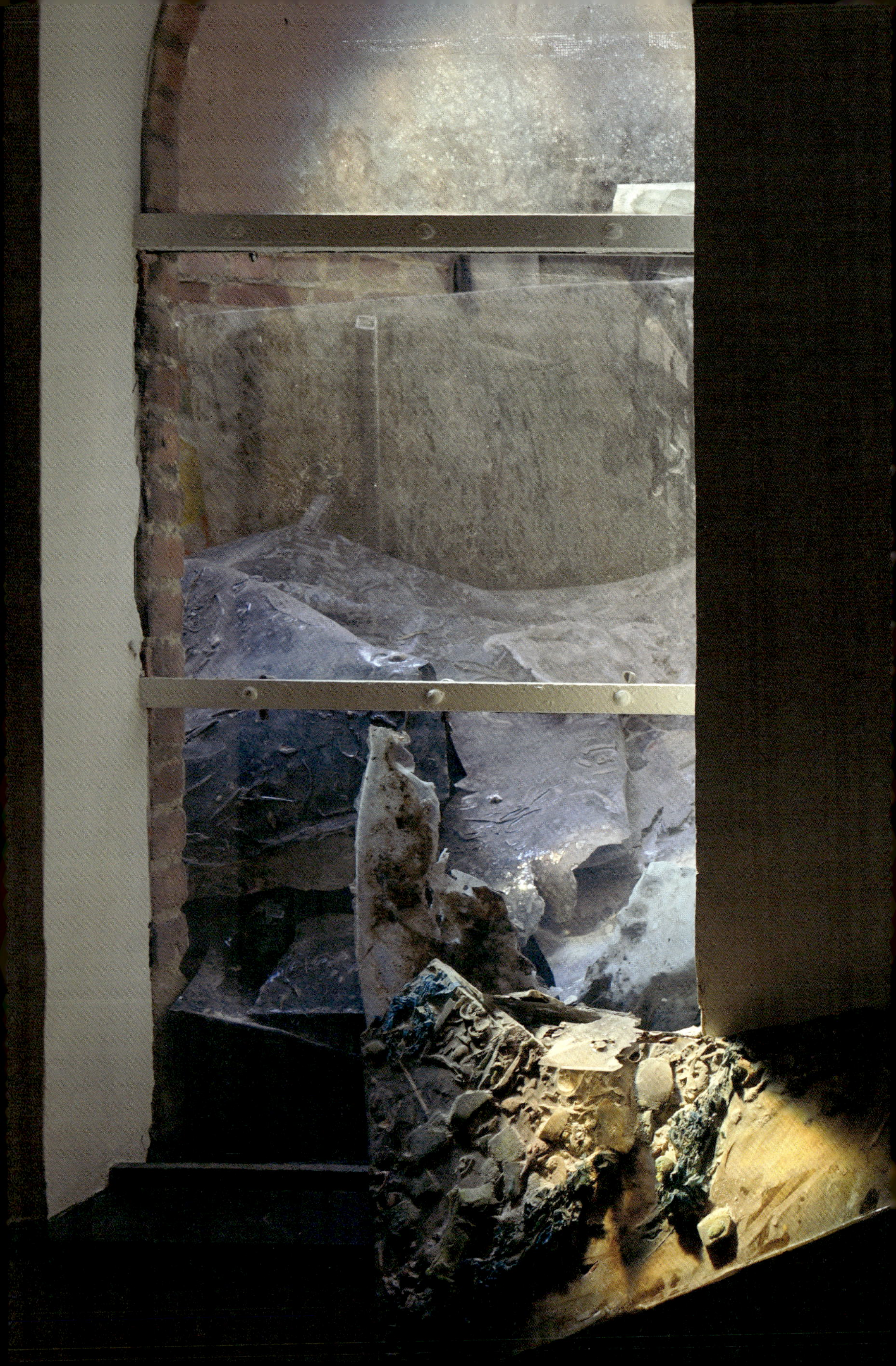

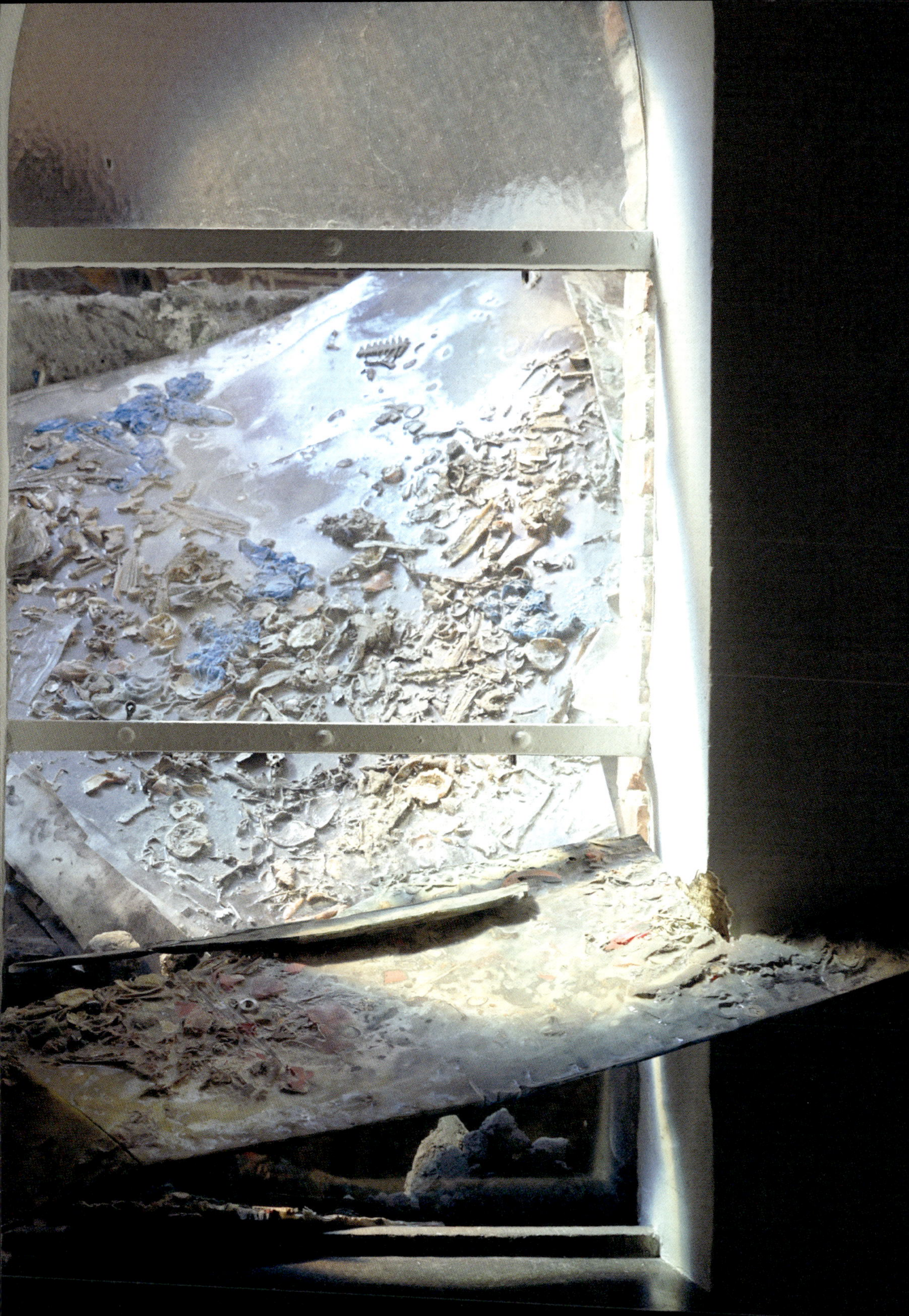

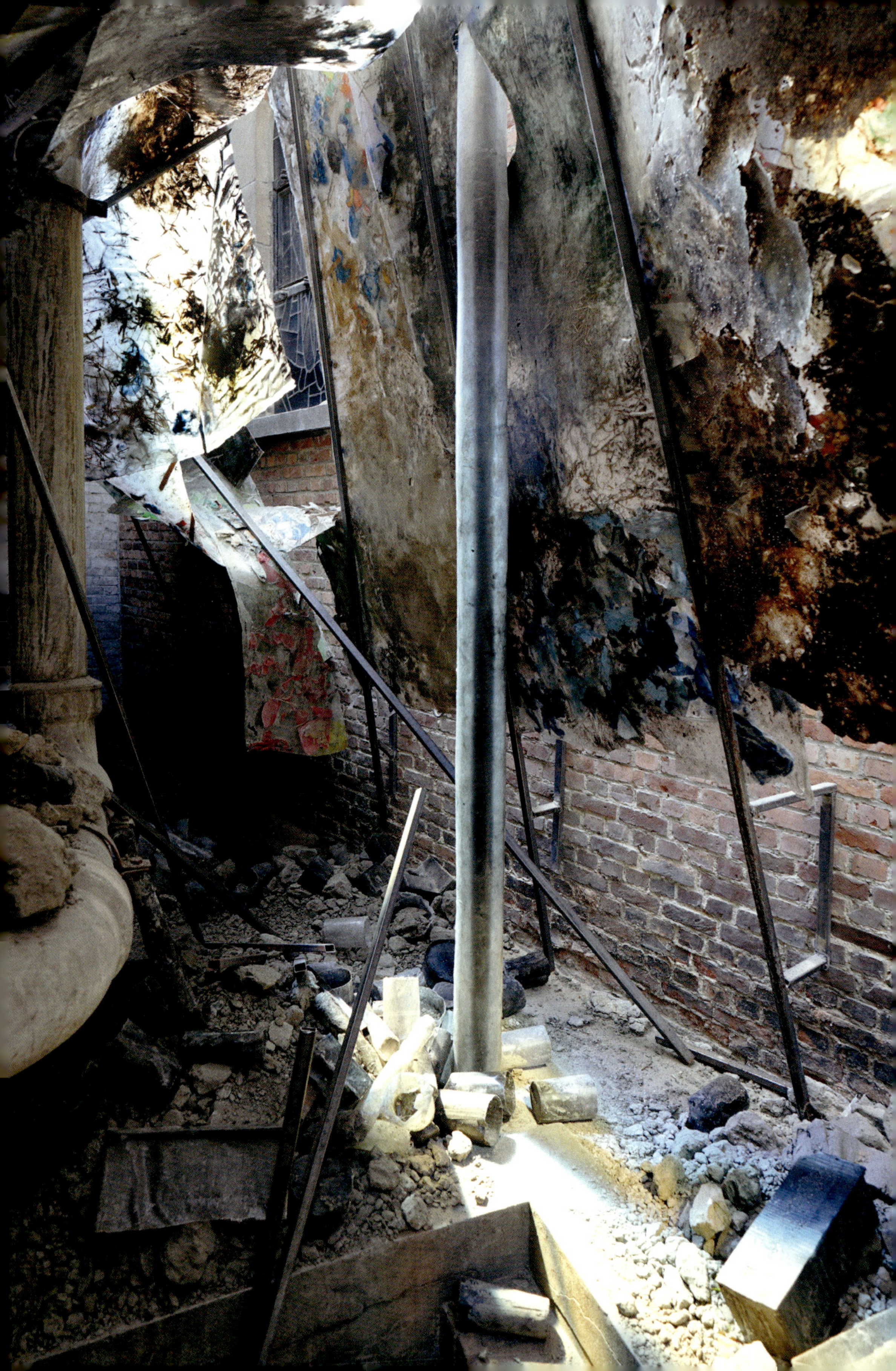

MIRAGE
2021

Matériaux variables, epoxy, argile de Boom, plantes, objets, 6,5 x 2,5 x 4 m, Kunsthal Extra City, Anvers © Ithier Held.

Une explosion de matières déchues vient investir un interstice inutilisé et laissé pour compte. Des constructions portuaires miniatures s'enlisent dans l'argile de Boom, cette substance qui serait potentiellement capable de contenir des résidus radioactifs. Le déchet, l'inutile et le rebut qui demeurent malgré tout, s'allient pour subvertir une logique de croissance productive. Cette installation signe le retour de l'exilé, qu'il soit organique ou plastique, minéral ou végétal.

Variable materials, epoxy, Boom clay, plants, objects, 6.5 x 2.5 x 4 m, Kuntshal Extra City, Antwerp © Ithier Held.

An explosion of degraded materials invests a neglected, rejected interstice. Miniature harbour constructions sink into Boom clay, the substance which would be potentially capable of containing radioactive waste. Refuse, the useless, waste, remaining nevertheless, join forces to subvert a logic of productive growth. This installation marks the return of the exile, whether organic or plastic, mineral or vegetal.

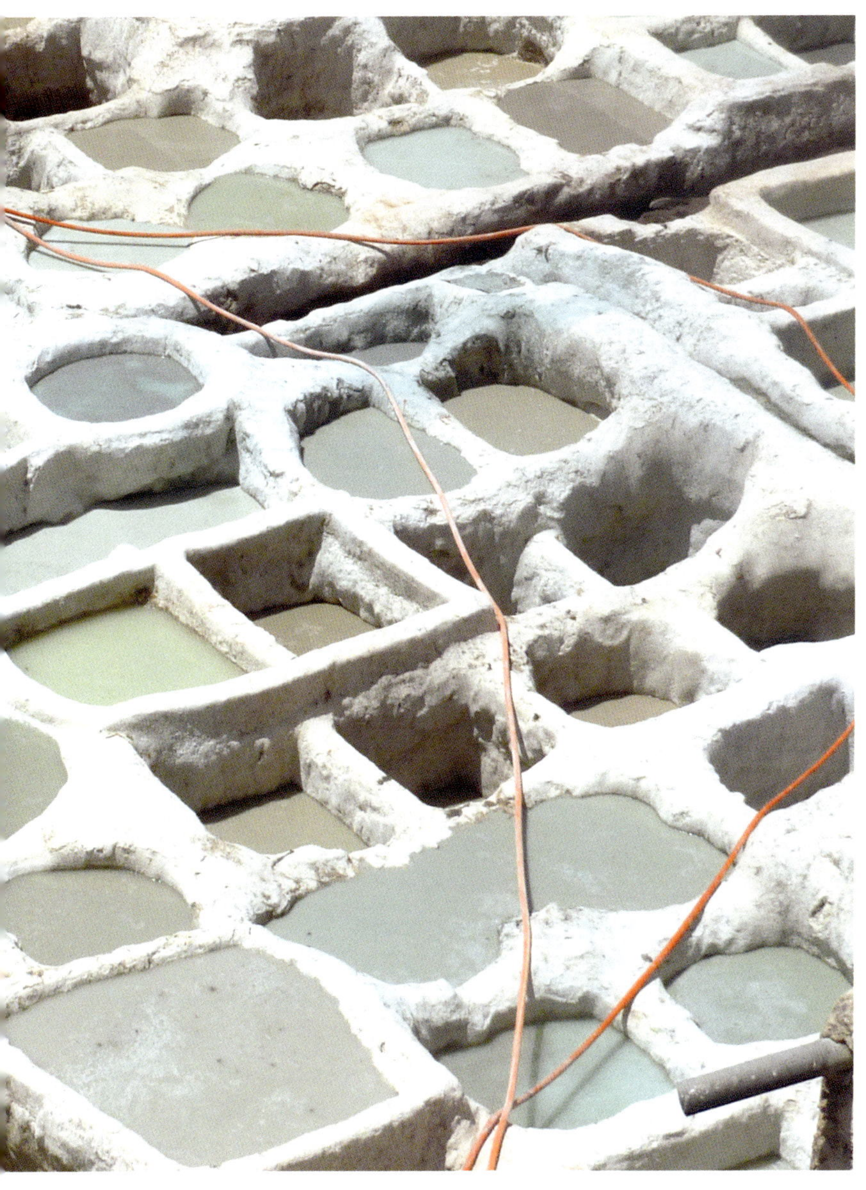

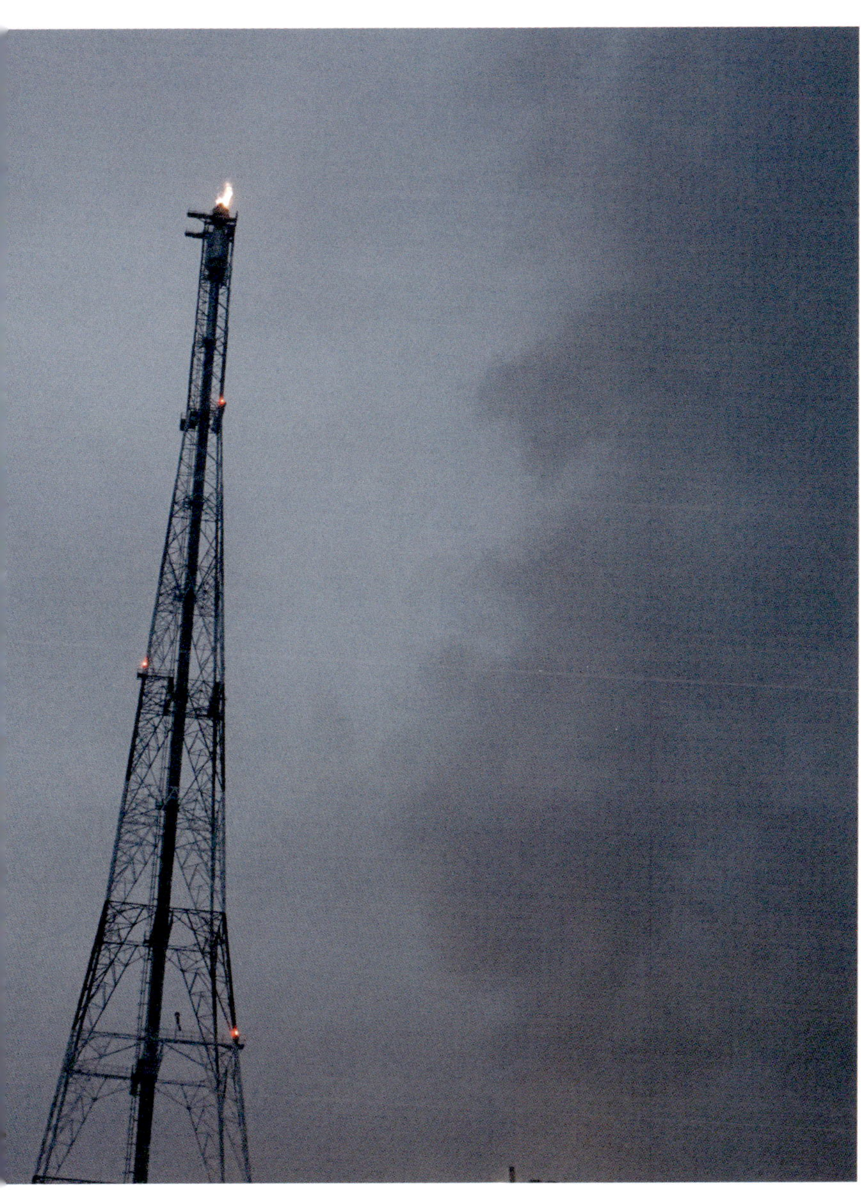

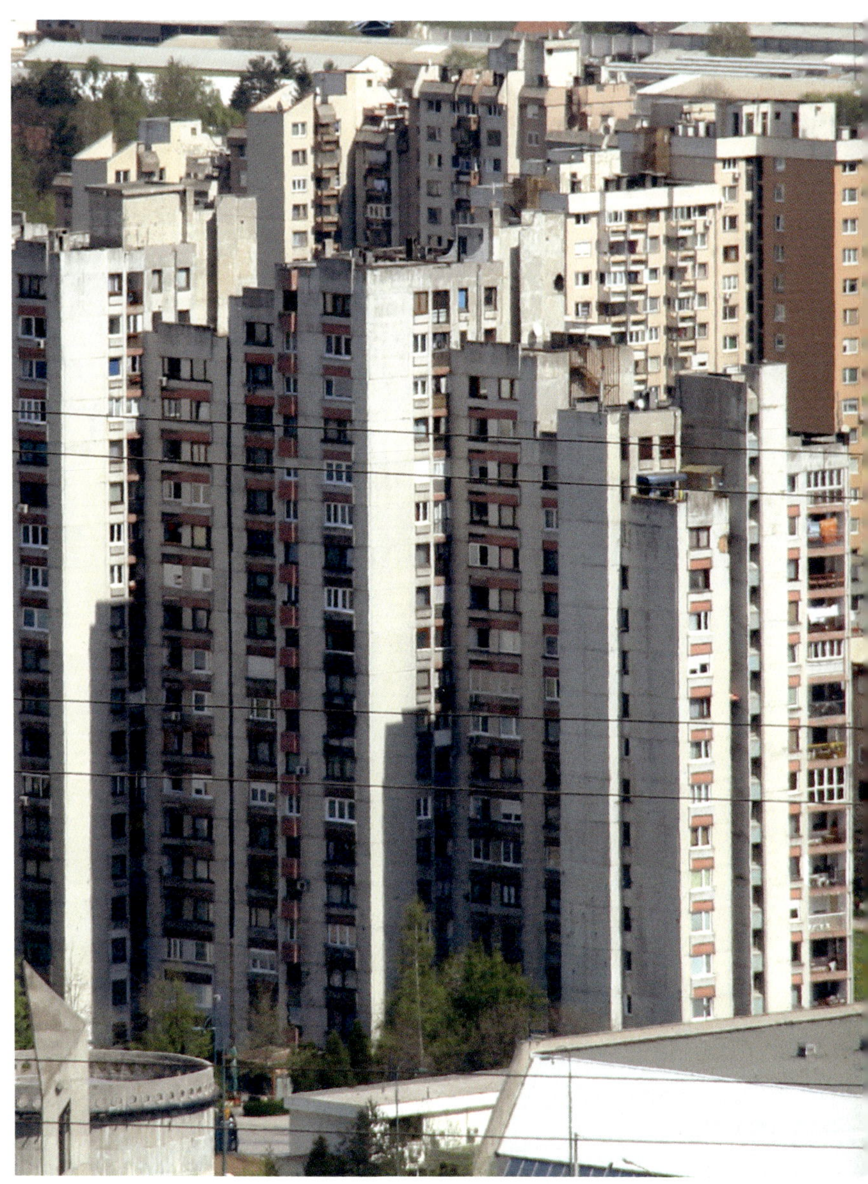

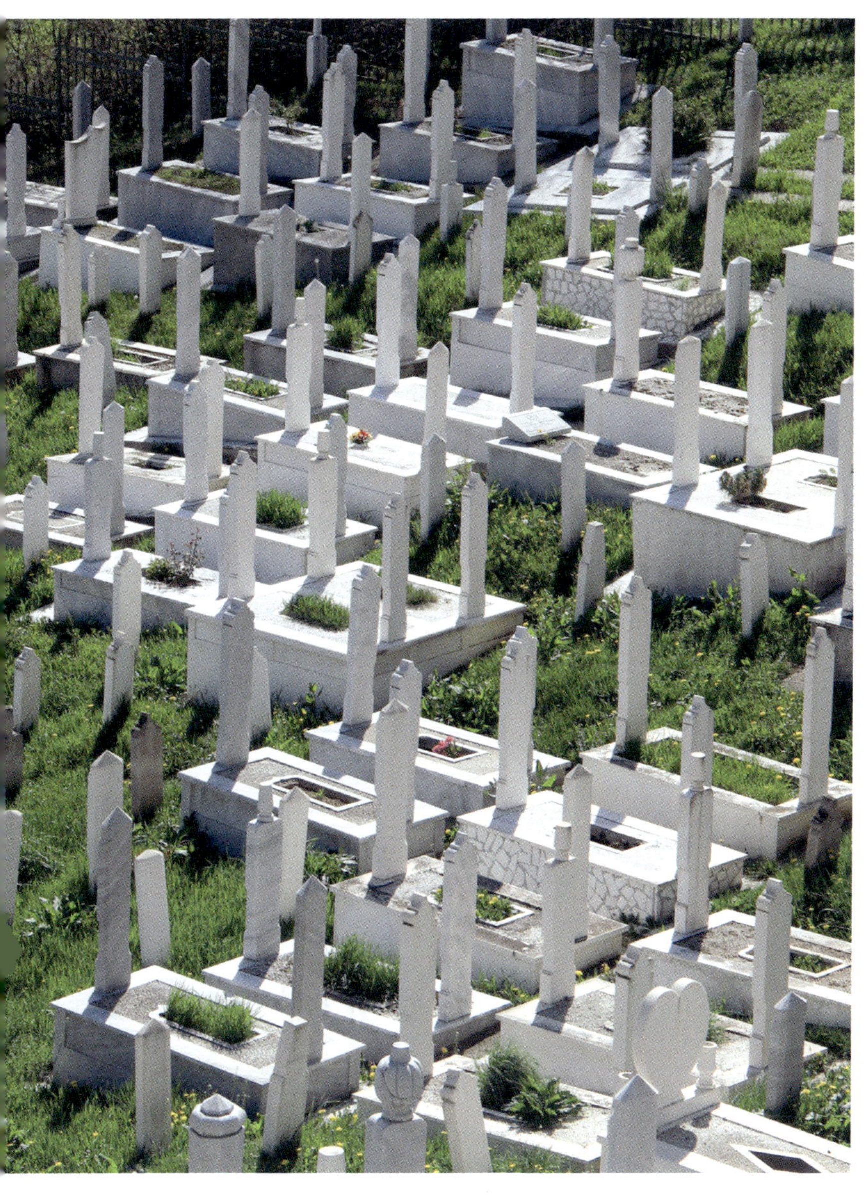

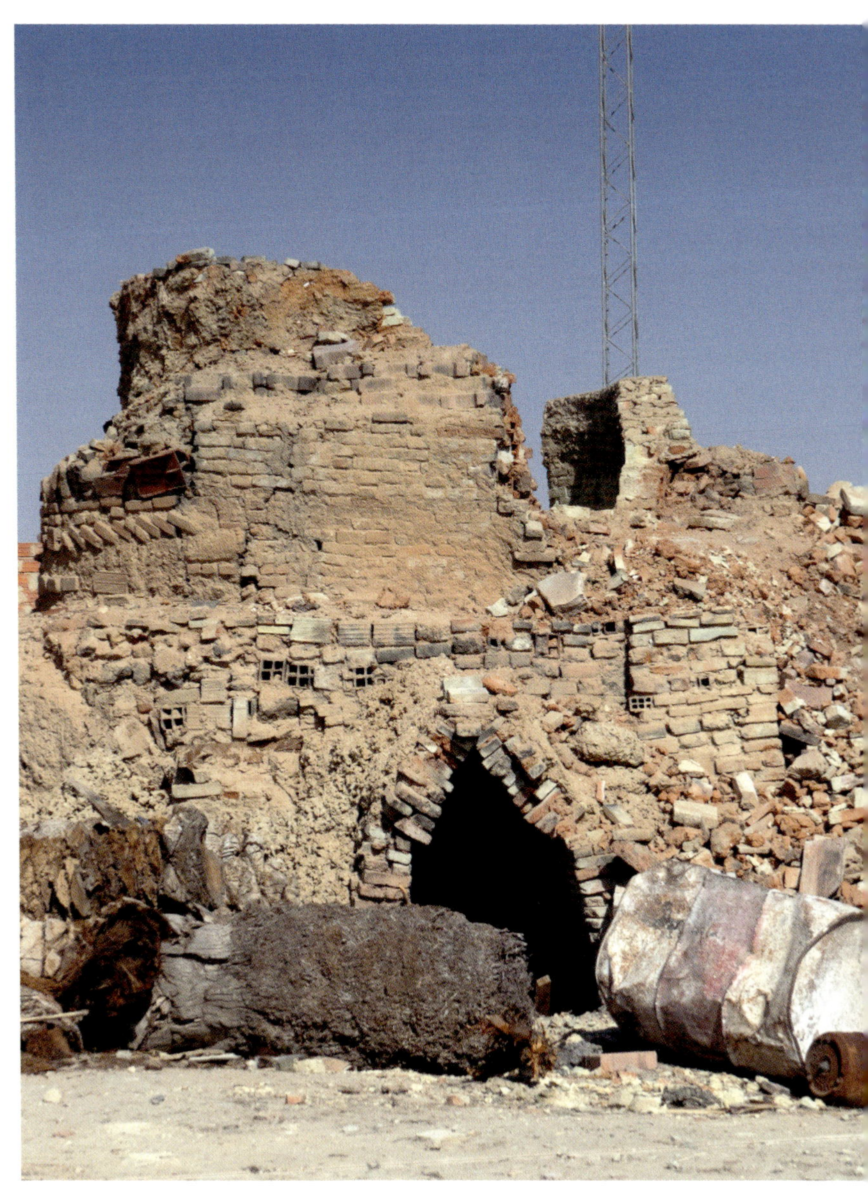

[1] Marc Augé, *Le temps en ruines*, Paris, Galilée, 2003, p. 133.

[2] Françoise Proust, *L'histoire à contretemps. Le temps historique chez Walter Benjamin*, Paris, Cerf, 1994, p. 25.

[3] François Dagognet, *Des détritus, des déchets, de l'abject: une philosophie écologique*, Le Plessis-Robinson, Institut Synthélabo pour le progrès de la connaissance, 1997, p. 214.

[4] Maëlle Dufour.

[5] Maurice Merleau-Ponty, *Phénoménologie de la perception*, Paris, Gallimard, 1945, p. 292.

[6] Michel Makarius, *Ruines, représentations dans l'art de la Renaissance à nos jours*, Paris, Flammarion, 2004, p. 12.

[7] François Dagognet, *op. cit.*, p. 71.

Peter Buggenhout, *The Everchanging Repetition*, Paris, Éditions de l'Amateur, 2015.

Walter Benjamin, « Sur le concept d'histoire », dans *Œuvres III*, Paris, Gallimard, 2013.

BIOGRAPHIE / BIOGRAPHY

Maëlle Dufour, est née en 1994 à Mons.
Elle habite et travaille à Bruxelles.

Maëlle Dufour, born 1994 in Mons.
She lives and works in Brussels.

https://maelledufour.be
info@maelledufour.be

Formation / Academic

2023 HISK Higher Institute for Fine Arts, Gent, BE.

2018 Agrégation, ERG-ESA Saint-Luc, Bruxelles, BE.

2017 Bachelor + Master: Sculpture, ENSAV La Cambre, Bruxelles, BE.

2015 Erasmus: Sculpture, Kuva-Academy of Fine Arts, Helsinki, FI.

Expositions Personnelles / Solo Exhibitions

2021 *Îlots*, MAAC, Maison d'Art Actuel des Chartreux, Bruxelles, BE.
Maison CFC, Bruxelles, BE.
Entre Intérêts, Virtual exhibition, Pinacoteca Universidad de Concepcion, CL.
Îlots, Macors, Hamois, BE.

2019 *Entre Intérêts*, biennale *Watch This Space 10*, 50° nord, Les Brasseurs, Liège, BE.
Entre Intérêts, biennale *Watch This Space 10*, 50° nord, ISELP, Bruxelles, BE.
[open studio], RAVI, Résidences-Ateliers Vivegnis International, Liège, BE.

Expositions collectives / Collective exhibitions

2022 Permanent art integration project, 1% artistique, Berserk Art Agency et lef Spincemaille, Prison de Haren, Haren, BE.

2021 Expo commune, *Periphery*, curateur: Joachim Naudts, Kunsthal Extra City, Anvers, BE.
Alumni Startwell, Amsterdam, NL.
Prix Médiatine, Bruxelles, BE.
Avant le coucher du soleil, Maison Losseau, Mons, BE.

2020 Triennale Art public, CAW, Emulation, Liège, BE
La Colère de Ludd, curateur: Dorothée Duvivie
BPS22 ,Charleroi, BE.
Interroger le réel, ARTS*STRA, Maison de la Laïcité, Charleroi, BE.

2019 *Mulhouse 019 Biennale*, Parc Expo, Mulhouse, FR
ARTour Biennale, Musée de la Mine et du Développement Durable, Houdeng-Aimeries, BE.
Fondation Godecharle, Kanal, Centre Pompidou
Bruxelles, BE.
[open studio], MAAC, Maison d'Art Actuel des Chartreux, Bruxelles, BE.

2018 Prix de la CAW, Abattoirs de Bomel, Namur, BE
Prix du Hainaut, Gouvernement provincial, Mons, BE.

)17 *Artagon.III*, Président du jury: Hans Ulrich Obrist, Les Petites Serres, Paris, FR.
Prix jeune artiste, curateur: Michael Dans, Le Parlement de la FWB, Bruxelles, BE.
Prix du Hainaut, Maison Folie, Mons, BE.
9e prix de la jeune sculpture, la Châtaigneraie, Flemalle, BE.
The Greatest Piece of Advice I can't Give, Brasserie Atlas, Bruxelles, BE.
Soli Sol Soli, curateur: Nancy Casielles, Maison des Arts de Schaerbeek, Bruxelles, BE.
Et moi je ne dors plus, Brasserie Atlas, Bruxelles, BE.
As Far And I Can Kiss, Cinema Mele, Pizzo, IT.
Jusqu'à en oublier mon nom, Brasserie Atlas, Bruxelles, BE.

)16 *Out of Office*, La Cambre, Bruxelles, BE.

015 *8323200s*, Vapaan Taiteen Tila Free Space for Arts, Helsinki, FI.
Backstage Scene, L'Escaut Architectures, Bruxelles, BE
Home Invasion, Espace van de Velde, Bruxelles, BE.
Go Green, Centre Culturel, Marchin, BE.
Ghost Rider, Drugstore Beograd, Belgrade, SR.

)14 *Alias*, Trade Mart, Bruxelles, BE.
Le parasitisme de couvée, Centre Culturel, Sartène, FR.

Résidences / Residencies

)21 Alumni Startwell, Amsterdam, NL.
MAAC, Maison d'Art Actuel des Chartreux, Bruxelles, BE.
Bourse Un futur pour la Culture, BPS22, Charleroi, BE.
Macors, Hamois, BE.

)19 Shake Residences nomades, Tunis, TU.
MAAC, *Watch This Space 10*, Bruxelles, BE.
RAVI, Résidences – Ateliers Vivegnis International, Liège, BE.
L'Escaut, Bruxelles, BE.

2017 Cinema Mele, Pizzo, IT.

2015 Drugstore Beograd, Belgrade, SR.

2014 Photographie et vidéo, Reykjavik, Islande.
Le parasitisme de couvée, Centre Culturel, Sartène, FR.

Prix et bourses / Awards and Grants

2021 Prix d'encouragement, sculpture, Académie des beaux-arts, Institut de France, Paris, FR.
Bourse COCOF, MAAC, Bruxelles, BE.
Macors, Prix Mediatine, Bruxelles, BE.

2020 10e Prix de la Jeune Sculpture, Seraing, BE. (prix du public)
Bourse Un futur pour la Culture, FWB, BPS22, Charleroi, BE.

2019 Prix Sofam, Biennale *Watch This Space 10*, BE-FR.
Aide à la création, FWB, BE.

2018 Prix de la Commission des Arts de Wallonie, BE.
Prix du Hainaut, BE.

2017 Artagon.III, Paris, FR.

Collections

Collection du Hainaut, BPS22, Charleroi, BE.
Collections privées / Pivate collections, BE-FR.

Direction éditoriale et coordination / Editorial Direction and Follow Up
Christine De Naeyer

Traduction / Translation
Philippe Hunt (English)

Relecture / Proofreading
Thomas Keukens

Graphisme / Graphic Design
Anne-Sophie Viala, Collin Hotermans

Photogravure / Photoengraving
Collin Hotermans

Impression / Printing
Graphius Brussels

Imprimé sur / Printed on
Old Mill 300 g/m² (couverture / cover)
Magno Volume 130 g/m²

c | f | éditions | c
Place des Martyrs, 14
1000 Bruxelles
www.maisoncfc.be

ISBN 978-2-87572-070-2
Dépôt legal / Copyright Registration
D/2021/5165/13

Le présent livre de Maëlle Dufour bénéficie du soutien du Secteur des Arts plastiques de la Province de Hainaut.
The present book by Maëlle Dufour is supported by the Plastic Arts Sector of the Province of Hainaut.

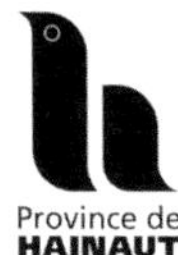

Ce livre fait partie de la collection *l'impatient* de CFC-Éditions, éditée avec le soutien de la Commission communautaire française, Bruxelles.
This book is part of the collection *l'impatient* of CFC-Éditions, published with the support of the Commission communautaire française, Brussels.

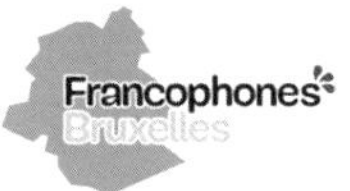

REMERCIEMENTS / ACKNOWLEDGMENT

Je tiens à remercier celles et ceux qui m'ont soutenu lors de la création de ce livre / I would like to thank everyone who supported me while creative process of this book:

Anne-Sophie Viala, La Province de Hainaut (Adèle Santocono), CFC-Éditions (Christine De Naeyer et Thomas Keukens), Collin Hotermans, Philippe Hunt, Manon Paulus, Doriane Biot, Yi-Ann Hagelstein et Arthur Delhaye.

Jean-Philippe Godefroit, Luc Delvaux, Josse Derbaix, Caroline Delaville, Kristina Sedlerova Villanen, Anabel Boissonneault, Tomás Quote da Fonseca, Romane Armand, Éléonore Scardoni, Stéphanie Roland et Fanny Gerard.

Ithier Held, Agnès Fosselard, Olivier, Brieuc, Camille et Violette Dufour.